# TORNE-SE O QUE VOCÊ É

Dados Internacionais de Catalogação na Publicação (CIP)
(Câmara Brasileira do Livro, SP, Brasil)

Watts, Alan
 Torne-se o que você é / Alan Watts ; tradução de Jacqueline Valpassos. – Petrópolis, RJ : Vozes, 2020.

Título original: Become what you are.
Bibliografia.

2ª reimpressão, 2023.

ISBN 978-85-326-6435-8

1. Ásia – Religião  2. Filosofia oriental  I. Título.

19-32316                                                                     CDD-181

Índices para catálogo sistemático:
1. Filosofia oriental  181

Cibele Maria Dias – Bibliotecária – CRB-8/9427

# Alan Watts

# TORNE-SE O QUE VOCÊ É

Tradução de Jacqueline Valpassos

EDITORA VOZES

Petrópolis

© 1995, 2003 by Mark Watts.
Publicado conforme acordo com Shambhala Publications Inc.

Tradução realizada a partir do original em inglês intitulado
*Become What You Are*

Direitos de publicação em língua portuguesa – Brasil:
2020, Editora Vozes Ltda.
Rua Frei Luís, 100
25689-900 Petrópolis, RJ
www.vozes.com.br
Brasil

Todos os direitos reservados. Nenhuma parte desta obra poderá ser reproduzida ou transmitida por qualquer forma e/ou quaisquer meios (eletrônico ou mecânico, incluindo fotocópia e gravação) ou arquivada em qualquer sistema ou banco de dados sem permissão escrita da editora.

**CONSELHO EDITORIAL**

**Diretor**
Volney J. Berkenbrock

**Editores**
Aline dos Santos Carneiro
Edrian Josué Pasini
Marilac Loraine Oleniki
Welder Lancieri Marchini

**Conselheiros**
Elói Dionísio Piva
Francisco Morás
Gilberto Gonçalves Garcia
Ludovico Garmus
Teobaldo Heidemann

**Secretário executivo**
Leonardo A.R.T. dos Santos

*Editoração*: Maria da Conceição B. de Sousa
*Diagramação*: Sheilandre Desenv. Gráfico
*Revisão gráfica*: Alessandra Karl
*Capa*: WM design

ISBN 978-85-326-6435-8 (Brasil)
ISBN 978-1-57062-940-2 (Estados Unidos)

Este livro foi composto e impresso pela Editora Vozes Ltda.

# Sumário

*Prefácio do editor*, 7
O paradoxo da autonegação, 11
Torne-se o que você é, 21
O dedo e a lua, 23
Importância, 31
O Tao e o wu-wei, 33
Leveza no trato, 41
Pássaros no céu, 43
Andando na roda, 51
A linguagem da experiência metafísica, 53
Boas intenções, 69
Zen, 71
O Um, 79
Existe um inconsciente?, 87
Aquele distante evento divino, 95
A parábola do rabo da vaca, 101
O segundo Imortal, 105
O problema da fé e obras no budismo, 113
O amanhã nunca vem, 135
O que é realidade?, 139
O nascimento do Divino Filho – Estudo de um símbolo cristão, 143

# Prefácio do editor

Como o título sugere, *Torne-se o que você é* é uma coletânea de textos de Alan Watts que abordam o dilema do indivíduo que busca seu verdadeiro eu, uma tarefa que muitas vezes requer ver a vida "como ela é". Como escreveu Alan Watts:

> A vida existe apenas neste exato momento, e neste momento ela é infinita e eterna. Porque o momento presente é infinitamente pequeno; antes que se possa medi-lo, ele já se foi e, ainda assim, persiste para sempre. Este movimento e mudança foi chamado de Tao pelos chineses. [...] Um sábio disse que se *tentarmos* estar em harmonia com o Tao nos afastaremos dele. Mas ele não estava inteiramente certo. Porque o curioso é que não se pode sair de harmonia com ele mesmo que se queira; embora os seus pensamentos possam correr para o passado ou para o futuro, eles não podem escapar do momento presente.

Compreendido dessa maneira, "tornar-se o que você é" é, ao mesmo tempo, uma diretiva impossível e um fato inevitável.

Este livro é uma coletânea de textos de Alan Watts de meados dos anos cinquenta, intercalados com ensaios curtos do final dos anos trinta, escritos antes de ele deixar a Inglaterra e ir para a América. Os artigos mais curtos apareceram originalmente no *The Middle Way*, um jornal publicado pela Loja Budista de Londres. A coletânea começa com "O paradoxo da autonegação". Embora o manuscrito original não esteja datado, a máquina de escrever usada para produzir esse artigo foi adquirida em 1953, e o conteúdo e o seu tamanho batem com outros artigos que foram originalmente lidos por Watts na rádio KPFA em Berkeley, Califórnia, no início de 1955. Essas transmissões foram bastante populares e prosseguiram por mais de trinta anos.

O segundo capítulo, e o primeiro dos ensaios curtos, é o texto que dá título a este livro, e foi extraído de um álbum de recortes dos primeiros artigos de Watts. Um exame do verso do recorte revela o anúncio das reuniões da Loja Budista em março, abril e maio de 1938.

O terceiro capítulo, "O dedo e a lua", teve seu título modificado pelo próprio Watts, tendo sido originalmente intitulado "O reino do espírito". É datado de 17 de abril de 1955 e trata das deficiências das práticas religiosas ocidentais no contexto zen e do pensamento oriental em geral. Então, no capítulo quatro, retornamos aos ensaios do *Middle Way* com "Importância", um pequeno e belo escrito baseado na perspectiva de um poema budista.

Em "O Tao e o wu-wei", o capítulo seguinte, Watts escreve sobre os significados de "não fazer" e "não forçar", ideias centrais do taoismo chinês. A certa altura do texto original ele menciona "esses dois anos de palestras", referindo-se às suas primeiras transmissões no programa de rádio. Este provavelmente foi o tema de uma das últimas palestras naquele programa, e suas revisões manuscritas nas quatro páginas finais do original sugerem que esse artigo possa ter sido transcrito de uma gravação, tornando esta palestra talvez uma de suas primeiras transmissões não lidas de um roteiro, mas originalmente realizada ao vivo para os ouvintes da rádio.

O capítulo "Andando na roda", é novamente, um ensaio curto do *The Middle Way*. Aqui encontramos o "homem perfeito" de Chuang-tzu, enquanto ele "anda na roda", sem ser perturbado pelo desejo, o apego, o medo ou o arrependimento. No verso deste recorte, encontramos uma interessante citação atribuída a Tan Ching, que diz:

> Se permitirmos que nossos pensamentos – passados, presentes e futuros –, se conectem em uma sequência, impomos restrições a

nós mesmos. Por outro lado, se não permitimos que nossa mente se apegue a coisa alguma em qualquer tempo e em relação a tudo, obtemos emancipação.

Como Watts era o editor do *The Middle Way*, ele provavelmente selecionou tal citação para publicação. Um tema semelhante foi desenvolvido ao longo de seus trabalhos posteriores, e a citação serve como evidência das influências filosóficas que moldaram seu pensamento na época.

Finalmente, o último capítulo marca nossa despedida das palestras no rádio com um artigo escrito para o *Journal of Religious Thought*, publicado em 1953 pela Howard University, em Washington, D.C. "A linguagem da experiência metafísica" é uma excelente análise das semelhanças entre o conhecimento adquirido por meio da experiência mística e das ciências naturais e os problemas linguísticos que surgem ao se tentar expressar essa diversidade de conhecimentos em palavras. O artigo está, em muitos aspectos, muito à frente de seu tempo, mesclando pensamento oriental, física e filosofia e religião ocidentais a fim de se obter uma compreensão da vida baseada no deslumbramento, pois, conforme ele cita Goethe:

> o máximo que o homem pode alcançar é maravilhar-se. Quando o fenômeno primordial faz alguém maravilhar-se, deve esse alguém dar-se por satisfeito; nada de superior pode ser extraído, e nada além disso ele deve buscar; aqui está o limite.

Depois de "A linguagem da experiência metafísica", começamos uma série de artigos do *The Middle Way*, incluindo "Boas intenções", "Zen", "O Um", "Existe um inconsciente?", "Aquele distante evento divino", "A parábola do rabo da vaca" e "O segundo Imortal". A perspectiva zen da contribuição inicial de Watts para o *The Middle Way* está bem representada no grupo, seguido por um tratamento muito mais sério do budismo em "O problema da fé e das obras no budismo". Os textos selecionados do *The Middle Way* (mais tarde reunidos em *The Modern Mystic*) são encerrados com mais dois artigos curtos, "O amanhã nunca vem" e "O que é a realidade?" e com a apresentação de mais um longo artigo desse período. "O nascimento do Divino Filho – Estudo de um símbolo cristão" foi publicado originalmente no *The Sufi* no final dos anos trinta. Trata-se de um artigo interessante em que Watts investiga os fundamentos místicos da tradição cristã e compara o simbolismo de sua divindade com os de outras religiões mais frequentemente reconhecidas por sua natureza mística. Conforme ele escreve:

> Receber o universo em si mesmo, da forma como fazem alguns "místicos", é simplesmente gabar-se com a presunção de que se é Deus e, assim, estabelecer outra oposição entre o poderoso todo e a parte degradada. Entregar-se completa e servilmente ao mundo é tornar-se uma nulidade espiritual, um mecanismo, uma concha, uma folha levada pelos ventos das circunstâncias. Mas se o mundo é recebido e o eu dado ao mesmo tempo, então prevalece aquela união que produz o Segundo Nascimento.

Isso soa familiar à ideia budista do Caminho do Meio, como deveria ser, e Watts continua nessa linha de pensamento concluindo em uma veia um tanto taoista:

> Assim, quando dizemos que da união entre o eu e a vida (ou o mundo) nasce o Cristo, queremos dizer que o homem se eleva a um novo centro de consciência que não está nem em si mesmo apenas, nem no mundo apenas [...]. De fato, esse centro já existe, quer ele saiba ou não, pois não existem dois opostos a menos que haja uma relação entre eles.

*Mark Watts*
Santo Anselmo, Califórnia

# O PARADOXO DA AUTONEGAÇÃO

*Enquanto você viver, seja um
homem morto, totalmente morto;
Então, o que quer que faça, seja
como for, sempre estará certo.*

**UM POEMA BUDISTA, ESCRITO NA CHINA VÁRIOS SÉCULOS ATRÁS,** tenta expressar em palavras uma intuição comum a quase todas as culturas do mundo. Traduzido em uma linguagem familiar à tradição cristã, é tão conhecido que se torna praticamente um lugar-comum: "Aquele que perde sua vida encontrá-la-á". Mas o que salva esse pensamento da banalidade – do tédio causado pelos preceitos que todos sabem que devem seguir, mas não o fazem – é que é um provérbio que ninguém *consegue* seguir. Porque enquanto eu puder fazer alguma coisa a esse respeito, isso significa que eu ainda não morri, que ainda não perdi completamente a minha vida. No entanto, não se trata simplesmente do absurdo de uma ordem impossível de se obedecer. É uma comunicação real, uma descrição de algo que ocorre com as pessoas – como a chuva, ou o toque do vento. Trata-se tão somente da expressão da descoberta universal segundo a qual um indivíduo não começa a estar verdadeiramente vivo até que tenha perdido a si próprio, até que ele deixe de se apegar ansiosamente à sua vida, suas propriedades, sua reputação e sua posição. É a verdade irredutível da ideia monástica da "santa pobreza", de viver uma existência sem vínculos na qual – como tudo foi perdido – não há nada a perder, na qual há uma espécie de júbilo de uma espécie de liberdade que é poeticamente comparada aos pássaros e ao vento, ou às nuvens deslizando por um céu sem limites. É a vida que São Paulo descreve como "pobre, mas enriquecendo a muitos, na qual nada se tem, mas tudo se possui".

Que nostalgia irreal sentimos por ela! Maria Antoineta brincando de pastora nos jardins de Versalhes... Presidentes de grandes corporações se aposentando em solitárias cabanas de pesca em High Sierra... O vendedor de seguros caminhando sozinho pela interminável faixa de areia de uma costa oceânica, perguntando se teria a coragem de se tornar um catador de praia... Ou o idealista moral que se recrimina por não ter força suficiente para abandonar seu confortável salário e mergulhar nas favelas, como Peter Maurin e Dorothy Day, ou seguir os grandes modelos de São Francisco e São Vicente de Paulo. Mas a maioria de nós sabe que não faremos, e muito provavelmente não podemos fazer isso – que continuaremos a nos apegar ao nosso estilo de vida habitual com toda a impotência dos viciados acorrentados à sua paixão destrutiva.

Se isso começa a soar como um sermão, minha intenção não foi essa, pois, como disse no início, a expressão de que a vida é encontrada quando é perdida não é, na realidade, um preceito que pode ser facilmente praticado e obedecido. Isso é o que faz toda a conversa sobre a necessidade de desprendimento ou a tarefa de transcender o ego ser interpretada de maneira tão equivocada. Considerada como um preceito, dá margem a todo tipo de falsidades morais e espirituais. Desconfie sempre do sujeito que lhe fala sobre renunciar a si mesmo ou superar o ego. Isso me lembra a conversa apócrifa entre Confúcio e Lao-tzu, na qual o primeiro estava discorrendo sobre o amor universal sem o elemento do eu.

"Que bobagem!", gritou Lao-tzu. "O amor universal não é uma contradição em si mesmo? A sua eliminação do eu não constitui uma manifestação positiva do eu? Senhor, se você quiser que o mundo não perca sua fonte de subsistência: eis o universo, com sua regularidade ininterrupta; o Sol e a Lua, com seu brilho constante; as estrelas, com suas constelações imutáveis; as aves e os animais selvagens, que não deixam de se reunir em bandos; as árvores e arbustos crescendo invariavelmente. Assim como eles, viva em harmonia com o Tao – do jeito como as coisas são – e seja perfeito. Por que, então, esses esforços vãos de caridade e o dever para com o próximo, que são como golpear um tambor em busca de um fugitivo? Senhor, quanta confusão você trouxe para a mente do homem!"

Como eu disse, a verdade sobre encontrar a vida ao se perdê-la não é um preceito, mas a realidade de algo que acontece – e acontece de muitas e diferentes maneiras. Não é todo mundo que consegue se tornar um herói moral óbvio ou um notório santo. Nem todo mundo há de ser um espírito livre sem a responsabilidade de um cônjuge e filhos. Nem, devo acrescentar, é um privilégio ao alcance de todos ser uma esposa dedicada ou um marido modelo. E ainda – nem todo mundo tem a sorte de ser o fatalista que aceita a si mesmo e assume suas limitações como elas são, reconhecendo-se uma erva daninha sem tentar ser uma rosa. Alguns de nós sempre estaremos tentando – com um exasperante grau de relativo sucesso – melhorar a nós mesmos de uma forma ou de outra, e nenhuma dose de autoaceitação nos impedirá de fazê-lo. Autorrenúncia, autoaceitação: diferentes nomes para a mesma coisa, o ideal para o qual não há caminho, a arte para a qual não há técnica.

Então, por que, em geral, essa ideia toda tão amiúde toma a forma de um preceito, de um conselho a se seguir ou um método a ser aplicado? Bem, obviamente, há uma contradição vital na própria noção de autorrenúncia, assim como na de autoaceitação. As pessoas tentam aceitar a si mesmas para serem diferentes, e tentam renunciar a si mesmas para terem mais autorrespeito a seus próprios olhos – ou para alcançar alguma experiência espiritual, alguma exaltação da consciência, desejo revelador de seu interesse em si próprias. Somos realmente obcecados por nós mesmos, e nossas tentativas de rejeição ou aceitação são igualmente infrutíferas, uma vez que elas não conseguem alcançar aquele centro inacessível de nosso eu interior que está tentando aceitar ou rejeitar. A parte de nós mesmos que quer nos mudar é justamente a parte que precisa ser mudada; mas é tão inacessível quanto uma agulha ser espetada por sua própria ponta.

Mas a razão pela qual a ideia de autorrenúncia aparece na forma impossível de um preceito é porque ela é uma forma do que os budistas chamariam de *upaya* – um termo em sânscrito que significa "meios hábeis"; em particular, os meios hábeis que um professor usa para transmitir ao seu discípulo alguma verdade que só pode ser alcançada de uma forma indireta. Porque o egoísmo do eu cresce com a noção de que ele pode dar ordens a si mesmo, que é o mestre e senhor de seus próprios processos, de suas próprias motivações e desejos. Portanto, o único resultado importante de qualquer tentativa séria de autorrenúncia ou autoaceitação é a descoberta humilhante de que isso é impossível. E isso precisamente é essa morte de si mesmo, que é a improvável fonte de um modo de vida tão novo e tão vivo que dá a sensação de renascimento. Em um sentido metafórico, o ego morre ao descobrir sua própria incapacidade, sua inépcia para fazer qualquer diferença a si mesmo que realmente seja importante. Esta é a razão pela qual, no zen-budismo, a missão da autotranscendência é comparada a um mosquito que tenta picar um touro de ferro e, de acordo com as palavras de um dos antigos mestres, a morte transformadora ocorre no exato momento em que carapaça de ferro do touro finalmente e de forma absoluta rejeita a frágil picada do mosquito.

Há, é claro, ainda algum refúgio para nossa ilusão de importância na ideia de que devemos primeiro fazer um firme esforço para picar o touro. Cada membro do "endogrupo" (ou iniciados) distingue-se dos do "exogrupo" (a maioria não iniciada) por meio de um processo de "passar por maus bocados" ou de ter suportado sofrimentos que mais tarde são exibidos como orgulhosos distintivos de formatura. Um dos aspectos mais repulsivos da falsidade espiritual é a implicação usual e sutilmente insinuada de que, afinal de contas, alguém "sofreu muito".

Da mesma forma, naquele indivíduo que ainda é um mero aspirante ao estado de graça, o mesmo tipo de tapeação assume a resolução de picar o touro ao máximo – a fim de se convencer de forma cabal de que isso não pode ser feito.

Eu sempre verifiquei que as pessoas que realmente experimentaram essa morte de si não reivindicam qualquer mérito de sua parte no processo. Elas se consideram preguiçosas e sortudas. Se fizeram alguma coisa, foi algo tão simples que qualquer um poderia ter feito – já que tudo o que fizeram foi reconhecer um fato universal da vida, algo tão verdadeiro para os fracos e tolos quanto para os sábios e fortes. Eles podem até dizer a esse respeito que há alguma vantagem em ser fraco e tolo, já que ter uma vontade forte e uma mente sábia torna muito difícil ver algumas coisas. Um comerciante próspero pode estar menos preparado do que um simples mendigo a aceitar que estão fadados ao mesmo esquecimento. Para o genuíno homem-morto-que-renasce--para-a-vida, seja ele sábio, místico, buda, *jivanmukta*, ou o que você preferir, a noção de que ele alcançou esse estado através de algum esforço ou alguma capacidade especial é sempre absurda e impossível.

É quase certo, portanto, que sempre que o sofrimento, a disciplina, a resistência e a força de vontade são enfatizados como requisitos essenciais para se entrar no Reino dos Céus, algum tipo de clericalismo ou de maracutaia espiritual altamente refinada está envolvido. Este tipo de conversa, às vezes, é uma tentativa de fazer de um limão uma limonada, ao fingir que uma vida de constante autofrustração foi na verdade uma grande conquista espiritual. Outras vezes, pode simplesmente ser um genuíno erro, pois há pessoas que só descobrem o que sempre tiveram ao alcance das mãos após uma longa e dolorosa jornada, e mantêm a convicção de que o caminho mais difícil era o único possível. No entanto, às vezes, essa conversa é transformada em um tipo presunçoso e desagradável de sermão proferido por pessoas que se arvoram a ensinar seus pares. Mas seus sermões não têm o menor efeito criativo, já que as únicas motivações para ação que elas apresentam são vergonha, medo ou sentimento de culpa, e quando respondemos a essas motivações, encontramos apenas um bálsamo para o orgulho ferido do ego – um bálsamo sobre o qual o nosso egocentrismo floresce com entusiasmo especial.

Com tais mal-entendidos fora do caminho, talvez possamos considerar com maior profundidade o que significa encontrar a vida perdendo-a. O ponto principal é, creio eu, que o estado chamado metaforicamente de morte ou renúncia a si mesmo não é uma condição futura a ser adquirida. É antes um fato presente. Em assuntos triviais, nosso ego mostra alguns sinais de vida. Mas fundamentalmente, na presença de um grande espaço e tempo, diante de um grande amor ou de um grande medo, somos como folhas arrastadas pelo vento. Quando começamos a pensar claramente, evocamos emoções realmente perturbadoras que gostaríamos de ser capazes de controlar. Nossa resistência a essas emoções é tão natural quanto as emoções em si. Na realidade, são a mesma coisa, já que as emoções aparecem apenas como uma manifestação de um estado de tensão e resistência. Se eu não sentisse aversão ao medo, não seria mais medo. Contudo, creio que não é difícil descobrir que nossa má vontade em relação a essas emoções, nossa resistência a vivenciá-las, é totalmente inútil. De novo, é como o mosquito tentando picar o touro de ferro. A fragilidade e precariedade do nosso corpo humano à mercê da torrente implacável e maravilhosa da vida suscita cada uma das emoções desse organismo terrivelmente sensível: amor, raiva, tristeza, terror e medo do terror. E nossas tentativas de superar essas emoções e controlá-las são, por sua vez, emoções em jogo, já que o amor é também estar apaixonado pelo amor em si, e tristeza, é lamentar estar triste. Nossa resistência ao sentimento é diretamente proporcional à nossa capacidade de sentir, pois quanto mais sensível é o instrumento, maior sua capacidade de sentir dor e maior a relutância em ser machucado.

Contudo, alguns psicólogos esbarraram, de uma maneira talvez um tanto atabalhoada, numa verdade importante: há um grave erro em não respondermos aos nossos sentimentos, ou em tentarmos nos sentir de maneira diferente da forma como nos sentimos. Eles estão falando aqui, note-se, de sentimentos interiores, e não de ação manifesta. Em outras palavras, se você, como mãe, odeia seu filho, não tente fingir para si mesma que o ama. Mas – colocado de forma bastante simples – esse *insight* degenera em outro preceito: "Aceite seus sentimentos: deixe-se levar por suas emoções". Isso não é tão simples, porque os nossos sentimentos entram em conflito uns com os outros, como quando somos orgulhosos demais para chorar, ou estamos com muito medo de nos apaixonarmos. Nestes casos, quais dos sentimentos aceitamos, a tristeza ou o orgulho, o medo ou o amor?

Entretanto, esse é o exemplo mais instrutivo da dificuldade da autoaceitação, pois em situações desse tipo descobrimos que não conseguimos aceitar qualquer dos dois sentimentos. O conflito não se deixará resolver por uma decisão por um dos dois lados – e ficaremos presos, inevitavelmente, nele.

Mas a verdadeira importância do que esses psicólogos tentam explicar é que há uma quase assombrosa sabedoria nas reações naturais e espontâneas do nosso organismo no curso dos acontecimentos. A extraordinária capacidade de sentir um evento interiormente, em vez de explodir em uma ação precipitada para evitar a tensão desse sentimento – essa capacidade é, na verdade, um maravilhoso poder de adaptação à vida, e não é diferente da resposta instantânea da água que contorna os obstáculos do terreno por onde flui. Espero que isso esteja claro. Não estou falando das respostas em termos de ação, mas apenas de nossas respostas internas e subjetivas de sentimento. A questão é que nossos sentimentos não são realmente um tipo de resistência ou combate ao curso dos eventos. São uma resposta harmoniosa e inteligente. Uma pessoa que não sentisse medo diante de uma ameaça de perigo seria como um junco que não vergasse plasticamente ao vento. Uma mente que não se amolda – à tristeza ou ao amor – é uma mente que se quebra com demasiada facilidade.

Contudo, a razão pela qual estou falando de sentimento em vez de ação externa é que estou considerando a situação do ser humano diante de eventos sobre os quais nada pode ser feito – eventos para os quais nossa única resposta são os sentimentos. Estou pensando na certeza definitiva da morte, no completo desamparo do ser humano em meio à vasta corrente da vida e, finalmente, no tipo especial de sentimentos que surgem quando somos confrontados com um conflito de sentimentos que não podem ser resolvidos. Todas essas situações geram sentimentos que, a longo prazo, são tão irresistíveis quanto as próprias situações são insolúveis. São os sentimentos últimos – e muito do que chamamos de filosofia nada mais é do que a infrutífera tentativa de convencer o homem a se libertar deles.

Portanto, o que chamei de morte do ego acontece no momento em que se descobre e admite que esses sentimentos últimos são irresistíveis. São últimos de duas maneiras: primeiro, porque de alguma forma têm a ver com eventos fundamentais e catastróficos e, segundo, porque às vezes são nossos sentimentos mais profundos e radicais sobre uma determinada situação – como a frustração básica causada por um conflito entre a dor e a vergonha. A questão é que esses sentimentos últimos são tão sábios quanto os demais, e sua sabedoria surge quando paramos de resistir a eles, percebendo que somos simplesmente incapazes disso. Quando, por exemplo, a vida finalmente nos obriga a ceder, a nos rendermos ao que é comumente chamado de terror do desconhecido, o sentimento reprimido irrompe repentinamente como uma fonte de pura alegria. O que antes era experimentado como horror à nossa inevitável mortalidade é transformado, por meio de uma alquimia interna, num sentido quase extático de libertação das amarras da individualidade. Mas normalmente não descobrimos a sabedoria de nossos sentimentos porque não permitimos que eles completem seu trabalho; nós tentamos reprimi-los ou despachá-los em uma ação prematura, sem perceber que eles são um processo de criação semelhante a um parto, que começa com dor e culmina numa criança.

Espero que seja possível dizer tudo isso sem criar uma atmosfera de "obrigação moral", sem passar a impressão de que esse tipo de autorrendição é algo que se deveria ou poderia fazer. Essa abordagem obstinada, compulsiva e moralizante da transformação do ser humano sempre a obstrui, pois ainda implica aquela própria ilusão de autodomínio que constitui um obstáculo. Mas é exatamente quando descubro que *não posso* me render a mim mesmo é que sou rendido; exatamente quando penso que não posso me aceitar é que sou aceito. Porque é ao atingir essa dura rocha do impossível que se alcança a sinceridade, na qual você não pode mais suportar o esconde-esconde mascarado do Eu e Mim Mesmo, do "Eu bom" que tenta mudar o "Mau Mim Mesmo", que na verdade são o mesmo indivíduo. No expressivo imaginário do Zen, toda essa luta para a autorrendição é como tentar colocar pés em uma cobra – ou, como eu diria, um homem nu que quer tirar a camisa. Nas palavras do genial taoista Chuang-tzu: do ponto de vista do sábio, "o junto não se encontra unido, nem o separado afastado, o longo não é excessivo, nem o curto é insuficiente. Porque assim como as patas de um pato que, apesar de curtas, não se podem alongar sem causar-lhe dor, e as de um grou que, apesar de longas, não se podem encurtar sem lhe causar sofrimento, da mesma forma, o que é longo na natureza moral do homem não pode ser encurtado, nem pode ser alongado o que é curto.

# Torne-se o que você é

**Diz-se que a mais elevada sabedoria** reside no desapego, ou, nas palavras de Chuang-tzu: "O homem perfeito emprega sua mente como um espelho; não prende nada, não rejeita nada; recebe, mas não mantém". Desapego significa não ter arrependimentos pelo passado nem temores pelo futuro; significa deixar a vida seguir seu curso sem tentar interferir em seu movimento e mudança, sem tentar prolongar o estado de coisas agradáveis nem acelerar a partida de coisas desagradáveis. Fazer isso é seguir o ritmo da vida, estar em perfeita harmonia com sua constante mudança, e a isso se dá o nome de Iluminação. Em resumo, é desapegar-se do passado e do futuro e viver no eterno Agora. Pois, na verdade, nem o passado nem o futuro existem separados desse Agora; por si sós, são ilusões. A vida existe apenas neste exato momento, e neste momento ela é infinita e eterna. Porque o momento presente é infinitamente pequeno; antes que se possa medi-lo, ele já se foi e, ainda assim, persiste para sempre. Este movimento e mudança foi chamado de Tao pelos chineses, embora, na verdade, não haja movimento, pois o momento é a única realidade e não há nada além disso em relação ao que se pode dizer que se move. Assim sendo, pode ser chamado ao mesmo tempo de eterno movimento e eterno repouso.

Como podemos viver em harmonia com o Tao? Um sábio disse que se *tentarmos* estar em harmonia com o Tao nos afastaremos dele. Mas ele não estava inteiramente certo. Porque o curioso é que não se pode sair de harmonia com ele mesmo que se queira; embora os seus pensamentos possam correr para o passado ou para o futuro, eles não podem escapar do momento presente. Por mais distante no passado ou no futuro eles tentem escapar, nunca poderão ser separados do momento, pois esses pensamentos são eles próprios do momento; tanto quanto qualquer outra coisa que compartilham, e, de fato, *são* o movimento da vida que é o Tao. Você pode achar que se encontra fora da harmonia com a vida e seu eterno Agora; mas você não poderia estar, porque você é vida e existe Agora – senão você não estaria aqui. Por isso, o infinito Tao é algo de que você não pode escapar fugindo nem capturar perseguindo; não há como aproximar-se ou afastar-se dele; ele *é*, e você é ele. Então, torne-se o que você é.

# O DEDO E A LUA

**HÁ UMA ANTIGA FRASE CRISTÃ** – *Crux est mundi medicina*, "a Cruz é o remédio do mundo" –, uma frase um tanto notável no sentido que sugere que a religião é um remédio e não uma dieta. A diferença está, é claro, no fato de que o remédio é algo que se toma ocasionalmente – como a penicilina –, enquanto uma dieta é uma alimentação regular. Talvez não devamos insistir nessa analogia, já que existem remédios, como a insulina, que algumas pessoas devem tomar o tempo todo. Mas há um ponto na analogia – um ponto expresso em outra frase latina, cuja origem não é cristã, já que seu autor era Lucrécio: *Tantum religio potuit suadere malorum*, "Tantos males a religião pôde aconselhar!" Não estou pensando tanto na exploração dos pobres pelo sacerdócio corrupto, nem nos óbvios males do fanatismo. Penso, em vez disso, na antiga metáfora budista da doutrina que é como uma jangada que atravessa o rio. Quando você chega à margem oposta, você não carrega a jangada nas costas, mas a abandona.

Aqui há algo que pode ser aplicado não apenas ao pequeno número de pessoas que poderiam ter chegado à outra margem, mas à maioria de nós. Desenvolvendo um pouco a metáfora: se você vai atravessar o rio, precisa fazê-lo rápido, pois se você ficar perdendo tempo na jangada, a corrente pode arrastá-lo rio abaixo, em direção ao oceano – e assim você ficará preso na jangada para sempre. E é tão fácil ficar preso – na jangada, na religião, na psicoterapia, na filosofia. Usando outro símile budista: a doutrina é como um dedo apontando para a lua, e deve-se ter cuidado para não confundir o dedo com a lua. Muitos de nós, receio eu, chupamos o dedo apontador da religião para nos confortarmos, em vez de olhar para onde ele aponta.

Contudo, parece-me que aquilo que o dedo da religião aponta é algo que não é de forma alguma religioso. A religião, com todo o seu aparato de ideias e práticas, é um apontador como um todo – e não aponta para si mesma. Nem aponta para Deus, uma vez que a noção de Deus é componente essencial da religião. Eu poderia dizer que a religião aponta para a realidade, só que isso simplesmente fornece uma noção filosófica em vez de religiosa. E posso pensar em uma dúzia de outros substitutos para Deus ou realidade. Eu poderia dizer que aponta para o nosso verdadeiro Eu, para o eterno Agora, para o mundo não verbal, para o infinito e inefável – mas, na verdade, nada disso é útil. Isso é simplesmente colocar um dedo no lugar de outro. Quando Joshu perguntou ao seu professor Nansen: "O que é o Tao, o Caminho?", Nansen respondeu: "Sua mente diária é o Tao".

Mas isso também não ajuda muito, já que quando tento entender o que significa minha mente diária, e tento explicá-la, estou apenas chupando outro dedo. Mas por que essa dificuldade surge? Se alguém de fato aponta o dedo para a lua, não vejo dificuldade em me virar e olhar para a lua. Mas aquilo para o que aponta esses dedos religiosos e filosóficos parece ser invisível, então, quando me viro para olhar, não vejo nada lá, e sou forçado a virar de volta para o dedo para ver se entendi corretamente a direção. E, sem dúvida, descubro repetidas vezes que não estou errado quanto à direção – mas ainda assim simplesmente não consigo ver para o que se está apontando.

Tudo isso é igualmente exasperante para o indivíduo que está apontando, já que ele quer me mostrar algo que lhe é tão óbvio que alguém poderia pensar que até mesmo um tolo poderia vê-lo. Ele deve se sentir como todos nós nos sentimos quando tentamos explicar a uma criança "obtusa" que zero mais zero é zero e não igual a dois, ou algum outro pequeno fato perfeitamente simples. E ainda há algo mais exasperante do que isso. Tenho certeza de que, possivelmente, muitos de vocês, por um momento, vislumbraram rapidamente o que o dedo apontava – uma visão de relance na qual você partilhou do assombro do apontador daquilo que você nunca tinha visto antes, e vislumbrou a coisa tão claramente que estava convencido de que jamais a esqueceria... e então você a perde. Depois disso, você pode sentir uma nostalgia atormentadora que persiste por anos. Como encontrar novamente o caminho de volta para a porta na parede que parece não estar mais lá, retornar à curva que conduzia ao paraíso – que não estava no mapa, e que você tem certeza de que viu bem ali? Mas agora não há nada. É como tentar localizar alguém por quem você se apaixonou à primeira vista e então perdeu o contato; e retornar ao local original do encontro repetidas vezes, tentando em vão dar continuidade a algo que foi interrompido.

Se me é permitido expressá-lo de uma maneira terrivelmente complicada e inadequada, esse vislumbre fugaz é a percepção que repentinamente irrompe em um momento comum de sua vida cotidiana comum, vivida pelo seu eu comum, assim como ela é e assim como você é – que este imediato aqui e agora é perfeito e autossuficiente, além de qualquer descrição possível. Você sabe que não há nada a ser desejado ou a ser buscado – que nenhuma técnica ou aparato espiritual de crenças ou disciplina é necessário, nenhum tipo de sistema filosófico ou religião. O objetivo está aqui. É esta presente experiência, como ela é. Isso, evidentemente, era aquilo para o que o dedo apontava. Mas, no momento seguinte, quando você olha de novo, o instante em que você está vivendo é tão comum como sempre, mesmo que seu dedo continue apontando diretamente para ele.

No entanto, essa qualidade tão irritantemente esquiva da visão para a qual o dedo aponta tem uma explicação extremamente muito simples, uma explicação que tem a ver com o que eu disse no início sobre abandonar a jangada depois de atravessar o rio, sobre considerar a religião como um remédio e não como uma dieta. Para entender essa noção, devemos considerar a jangada como uma representação das ideias, palavras ou outros símbolos através dos quais uma religião ou filosofia se expressa, através dos quais ela aponta para a lua da realidade. Tão logo você tenha compreendido as palavras em seu sentido simples e direto, você já usou a jangada. Você chegou à margem oposta do rio. Tudo o que resta agora é fazer o que as palavras expressam – abandonar a jangada e caminhar por terra firme. E, para fazer isso, você *precisa* abandonar a jangada. Em outras palavras, você não pode, neste estágio, pensar na religião e em praticá-la ao mesmo tempo. Para ver a lua, você deve esquecer o dedo que aponta, e simplesmente olhar para a lua.

É por isso que as grandes filosofias orientais começam com a prática da concentração, isto é, da observação atenta. É como dizer: "Se você quer saber o que é a realidade, deve olhar diretamente para ela e ver por si próprio. Mas isso requer um certo grau de concentração, porque a realidade não consiste de símbolos, palavras e pensamentos, ou reflexões e fantasias. Então, para poder vê-la claramente, sua mente deve estar livre de palavras errantes e das fantasias flutuantes da memória". A isso, certamente estaríamos propensos a responder: "Tudo bem, mas é mais fácil falar do que fazer". Alguma dificuldade sempre parece surgir quando se traduz palavras em ação, e essa dificuldade parece ser particularmente grave no que tange à chamada vida espiritual. Confrontados com este problema, recuamos e começamos a nos ocupar com uma série de discussões sobre métodos e técnicas, e outros recursos para concentração. Mas deve ser fácil perceber que tudo isso não passa de procrastinação e adiamento. Você não pode, ao mesmo tempo, concentrar-se e pensar em se concentrar. Parece quase ridículo dizer isso, mas a única forma de se concentrar é se concentrando. Ao fazê-lo de fato, a própria ideia de fazê-lo desaparece – e isso é o mesmo que dizer que a religião desaparece quando se torna algo real e eficaz.

No entanto, a maioria das discussões a respeito da dificuldade de ação ou da dificuldade de concentração não tem sentido algum. Se estamos sentados juntos para comer e eu lhe digo: "Por favor, passe o sal", você simplesmente o faz, e não há a menor dificuldade nisso. Não para considerar o método correto. Você não se dá ao trabalho de se perguntar como, depois de apanhar o saleiro, você será capaz de se concentrar por tempo suficiente para trazê-lo até o meu lado da mesa. Não há diferença alguma entre isso e concentrar a atenção da mente para ver a natureza da realidade. Se você conseguir concentrar sua mente por dois segundos, pode fazê-lo por dois minutos e, se conseguir fazer isso por dois minutos, poderá fazê-lo por duas horas. Claro, se você quiser *tornar* isso terrivelmente dificultoso, pode começar a pensar em medir o tempo para cada ato seu. Em vez de se concentrar, você começa a pensar se está realmente concentrado, há quanto tempo está se concentrando e por quanto tempo consegue continuar assim. Tudo isso é totalmente inútil. Concentre-se por um segundo. Se, depois desse tempo, sua mente se distrair, concentre-se por mais um segundo e depois outro. Ninguém precisa se concentrar mais do que um segundo – neste segundo. É por isso que não faz sentido medir o tempo para cada ato seu, competir consigo mesmo e se preocupar com seu progresso e seu sucesso nessa arte. É simplesmente a boa e velha história de facilitar um trabalho difícil dando um passo de cada vez.

Há, talvez, outra dificuldade: nesse estado de concentração, de atenção clara e plena, o indivíduo não tem nenhum eu – isto é, não tem autoconsciência. Porque o que é chamado de eu nada mais é do que uma construção de palavras e memórias, de fantasias que não têm vida própria na realidade imediata. O bloqueio ou obstáculo que muitos de nós sentimos entre palavras e ação, entre símbolo e realidade, é, de fato, como querer comer um bolo e ao mesmo tempo comê-lo. Queremos satisfazer *a nós mesmos*, mas ao mesmo tempo tememos que, se nos esquecermos de nós, não haverá satisfação – um entretenimento sem ninguém presente para entreter. É por isso que a autoconsciência é uma constante inibição da ação criativa, uma espécie de autofrustração crônica; de tal maneira que civilizações que sofrem com uma overdose dela se comportam de forma irracional e inventam bombas atômicas para se explodirem. A autoconsciência é um bloqueio, porque é como interromper uma música após cada nota para ouvir o eco, e depois se sentir irritado porque perdeu o ritmo.

Como diz o provérbio, "Panela vigiada não ferve". Quando você tenta observar sua mente enquanto se concentra, ela não se concentrará. E se, uma vez concentrada, você ficar aguardando algum *insight* sobre a realidade, a concentração é interrompida. Portanto, a concentração autêntica é antes um estado curioso, aparentemente paradoxal, pois ela é, ao mesmo tempo, o máximo de consciência e o mínimo de ego, o que, de certo modo, nega os sistemas da psicologia ocidental que identifica o princípio consciente com o ego. Da mesma forma, ela é o máximo de atividade mental ou eficiência, e o mínimo de intencionalidade mental, pois não é possível se concentrar e, simultaneamente, esperar obter um resultado da concentração.

A única maneira de entrar neste estado é precipitadamente, sem demora ou hesitação: simplesmente fazê-lo. É por isso que geralmente evito falar sobre os diferentes tipos de técnicas de meditação orientais, como a ioga. Porque estou inclinado a achar que, para a maioria dos ocidentais, elas não representam uma ajuda, mas um obstáculo à concentração. Para nós, é algo forçado e antinatural realizar a postura de lótus e submeter-se a todo tipo de ginástica espiritual. Muitos ocidentais que adotam quaisquer dessas práticas são tão autoconscientes disso, tão preocupados com a *ideia* de realizá-las que, na realidade, não as realizam de fato. Pela mesma razão, sou bastante desconfiado de tanto zen por aí – especialmente quando isso significa importar do Japão todo tipo de equipamentos meramente complementares, todas as formalidades técnicas estritas, todas as discussões intermináveis e inúteis sobre quem alcançou o satori ou quem não o fez, ou sobre quantos koans alguém resolveu, ou quantas horas por dia praticam zazen ou meditação. Todo esse tipo de coisa não é zen nem ioga; é apenas uma moda passageira, apenas religiosidade, e justamente tem mais de autoconsciência e afetação do que de não autoconsciência e naturalidade. Se, no entanto, você realmente conseguir praticar – ou seja, se conseguir aprender a acordar e se concentrar imediatamente sem parar para pensar –, poderá utilizar ou largar esses "complementos" quando quiser. Já que o medo do exótico não deve nos impedir de apreciar as coisas realmente belas que a cultura oriental pode nos oferecer – como a pintura chinesa, a arquitetura japonesa, a filosofia hindu e tudo mais. Mas a questão é que não podemos capturar seu espírito a menos que consigamos adquirir, em primeiro lugar, o tipo especial de concentração relaxada e visão interior clara que são essenciais para apreciá-las plenamente.

Por si próprias tais práticas não nos darão essa habilidade, já que é algo inato. Se você tiver que importá-las da Ásia, é porque não traz a coisa dentro de si. Portanto, o importante é simplesmente começar, em qualquer lugar, esteja onde estiver. Se você está sentado, apenas sente-se. Se você está fumando um cachimbo, apenas fume. Se você está refletindo sobre um problema, simplesmente reflita. Mas não pense nem reflita de maneira desnecessária ou compulsiva, pela força ou pelo hábito nervoso. No Zen, isso é chamado de mente vazante, como um velho barril rachado que não consegue manter seu conteúdo.

Bem, acho que já falamos o suficiente de remédio por esta noite. Então, deixe o frasco de lado e saia para contemplar a lua.

# Importância

O BUDISMO É FREQUENTEMENTE ACUSADO DE SER UMA RELIGIÃO tão absorta no impessoal e no eterno que negligencia a importância das coisas individuais e temporais. De acordo com seus ensinamentos, todas as coisas que têm forma estão sujeitas a mudar e são desprovidas de um "eu" duradouro, mas isso não implica que tais coisas não sejam importantes. A importância não é medida pelo tempo, e a mudança é um sintoma de presença de vida. Como diz um poema japonês:

> A glória da manhã floresce por uma hora,
> Mas não difere em essência
> Do gigante pinheiro, que vive mil anos.

Ao lado da imensidão do Tempo e do Espaço, o homem parece um ser da mais absoluta insignificância. Em comparação com os problemas extremamente complicados do mundo moderno, as pequenas esperanças e medos do indivíduo parecem não ter importância. Mas o budismo é o Caminho do Meio e deve necessariamente considerar essa atitude tão extrema como falsa filosofia. É bom que alguém que se preocupa demais com seus próprios assuntos considere a imensidão do universo e o destino da raça humana. Mas que não se demore muito nessa consideração, a fim de que não esqueça que a responsabilidade não apenas pela prosperidade humana, mas também pela ordem do universo é dele. Embora a astronomia moderna nos mostre nossa insignificância sob as estrelas, ela também nos diz que basta levantarmos um único dedo para afetá-las. É verdade que nossa existência é transitória, que não temos um eu duradouro, mas o tecido da vida é tal que um fio partido pode causar uma ruína incomensurável. A magnitude do mundo ao qual nosso destino está vinculado aumenta mais do que diminui nossa importância. Parece que a natureza tem pouca consideração pelos indivíduos; pode deixá-los morrer aos milhões como se nada importasse. Mas o valor reside na qualidade, não na quantidade. Uma ervilha pode ser tão redonda quanto o mundo, mas no que diz respeito à redondeza, nenhum é melhor do que o outro. E o homem é em si mesmo um pequeno universo; a organização de sua mente e de seu corpo é tão complexa quanto à organização das estrelas. Podemos dizer, então, que governar o universo de um homem é menos importante porque seu tamanho é diferente?

# O TAO E O WU-WEI

**A ESSÊNCIA DA FILOSOFIA DE LAO-TZU É A** difícil arte de deixar de obstruir o próprio caminho – de aprender a agir sem forçar conclusões, de viver em harmonia hábil com os processos da natureza em vez de tentar pressioná-los. Para Lao-tzu, o taoismo é o equivalente filosófico do jiu-jitsu ou judô, que significa caminho suave. Sua base é o princípio do Tao, que pode ser traduzido como o caminho da natureza. Mas, na língua chinesa, a palavra (*ziran*) que traduzimos como "natureza" tem um significado especial, do qual não há equivalente no inglês. Traduzido literalmente significa "por si própria", porque os chineses acreditam que a natureza funciona e se move por si própria sem ter que ser dirigida, estimulada ou controlada por esforço consciente. Seu coração bate "por si próprio", e se você der uma chance, sua mente pode funcionar "por si própria" – embora a maioria de nós tenha muito medo de tentar o experimento.

Com exceção disso, Lao-tzu não falou muito mais sobre o significado do Tao. O Caminho da Natureza, o Caminho de acontecer por si próprio, ou, se preferir, o próprio processo da vida, era algo que Lao-tzu era sábio demais para definir. Já que tentar dizer algo definitivo sobre o Tao é como tentar comer sua própria boca: você não pode sair dela para mastigá-la. Em outras palavras: você pode mastigar tudo menos sua boca. Da mesma forma, tudo que você pode definir ou imaginar, tudo que você pode entender ou desejar não é o Tao. Não podemos conhecê-lo, senti-lo ou percebê-lo pela simples razão de que é toda a substância do conhecimento, do sentimento e da sensação, da vida e da existência. Está perto demais para ser visto e é óbvio demais para ser notado ou compreendido. Correndo o risco de soar totalmente ridículo, poderia afirmar que é mais *nós* do que nós mesmos – mais você do que você, mais eu do que eu. Expresso com mais clareza, talvez, é o você que desenvolve seu sistema nervoso, ao invés do você que o utiliza para decidir, pensar e agir. Essa explicação dá para o gasto por ora, mesmo que não seja totalmente correta. Se eu tentar esclarecer ainda mais, a coisa só vai se tornar cada vez mais complicada.

Entretanto, creio que quase todos os seres humanos fazem algum tipo de distinção entre o eu que decide e age e o eu subconsciente que governa o coração, as glândulas e os nervos. Assim, palavras como autocontrole e autoconsciência sugerem que o nosso ser é dividido em duas partes, o conhecedor e o conhecido, o pensador e os pensamentos. Na medida em que experimentamos essa divisão, estaremos sempre tentando controlar, compreender e dominar nosso eu subconsciente com nosso eu consciente e voluntário. Mas, na filosofia de Lao-tzu, isso é estar literal e completamente desorientado – em uma condição desesperadora e extremamente frustrante de autoestrangulamento, que nos faz tropeçar nos próprios pés e perpetuamente obstruir o nosso caminho –, o que, é claro, não é o Tao, o Caminho da Natureza. É por isso que nosso principal problema na vida somos nós mesmos; é por isso que vivemos atormentados com a ansiedade de autopreservação e autocontrole; é por isso que estamos tão confusos que temos que criar leis que regulem nosso comportamento, empregar policiais para nos manter em ordem e equipar os exércitos com explosivos para nos impedir de explodir a nós mesmos. Na esfera mais íntima da vida pessoal, o problema é a dor de tentar evitar o sofrimento e o medo de tentar não ter medo.

É claro que qualquer um que perceba a enormidade e o absurdo dessa situação irá querer se libertar dela, desfazer seus bloqueios, retornar à indiferente sanidade do Tao. Mas, neste caso, é muito mais fácil fazer do que dizer, já que dizer é realmente muito difícil. Uma vez que, de acordo com Lao-tzu, retornar ou se dirigir à harmonia do Tao é, no sentido mais profundo e radical, não fazer absolutamente nada. Mas afirmei que era muito mais fácil fazer do que dizer, porque a partir do momento em que você começa a falar ou a pensar nisso, torna-se extremamente difícil de entender, de esclarecer incontáveis interpretações errôneas. Na língua chinesa, essa maneira especial de "não fazer nada" é chamada *wu-wei* – literalmente "não fazer" ou "não se esforçar". Este termo é talvez um pouco estranho porque a palavra chinesa *wei*, "fazer", soa parecido com a palavra inglesa *way*. Por isso, para evitar qualquer confusão desnecessária em um assunto já tão confuso, eu direi *wu-wei* no estilo japonês: *mui*.

Quando Lao-tzu afirmou que *mui*, "não fazer nada", era o segredo da harmonia com o Tao, foi o que ele realmente quis dizer. Mas o que ele quis dizer com isso deve ser distinguido com grande cuidado de dois outros caminhos que soam completamente diferentes entre si, embora, na verdade, sejam os mesmos. O primeiro caminho chamarei de o caminho da imitação deliberada. Consiste em supor que, de fato, sabemos qual é o modo de vida saudável e natural, para incorporar leis e princípios, técnicas e ideais, e depois tentar, por meio de um esforço deliberado de imitação, segui-los. Isso leva a todas as contradições com as quais estamos tão familiarizados, como à contradição do indivíduo que vocifera e se recrimina severamente por não fazer o que ele próprio acha que deve.

O segundo caminho, aparentemente oposto, eu chamarei de caminho do relaxamento deliberado, ou o caminho do "ao inferno com tudo". Trata-se de tentar não se controlar, tentar relaxar sua mente e permitir que você pense o que quiser, aceitando a si mesmo sem fazer o menor esforço para mudar. Tudo isso leva a uma patente, enorme e desleixada confusão, ou a um tipo de imobilidade compulsiva, ou às vezes até a uma diarreia psicológica igualmente compulsiva.

Ambos os caminhos estão longe do verdadeiro *mui*, de profundo e radical "não fazer". O que os torna semelhantes é que, através de suas diferentes maneiras, ambos os caminhos têm um resultado em mente. Ambos consistem igualmente em fazer ou não fazer algo para atingir um objetivo. O objetivo em questão é um tipo de imagem, uma representação mental, uma sensação vaga, de um ideal, de um estado de harmonia com o Tao, de harmonia com o Caminho da Natureza.

Mas foi precisamente em relação a este tipo de noções e ideais que Lao-tzu disse: "Dispense o conhecimento, descarte a sabedoria e as pessoas se beneficiarão cem vezes mais com isso". Ele estava se referindo ao suposto conhecimento do que é o modo ideal de vida. Como eu disse no começo, simplesmente não há como saber o que é o Tao. Se não é possível definir o Tao, certamente não podemos definir o que é estar em harmonia com ele. Nós simplesmente não temos ideia de qual deve ser o objetivo.

Se, então, agimos ou evitamos agir com um resultado em mente, esse resultado não é o Tao. Por isso, podemos dizer que *mui* não é a busca por um resultado. Claro, isso não significa que um taoista se senta à mesa e não espera jantar ou pega um ônibus sem desejar ir a lugar algum em particular. Eu estou falando sobre resultados nas esferas moral e espiritual – sobre coisas como bondade, paz de espírito, bom-senso, felicidade, personalidade, coragem, e assim por diante.

Então, é possível para mim parar de buscar esses resultados? Sem dúvida, a questão em si implica que ainda tenho um resultado em mente, mesmo que seja o estado de não querer procurar resultados. Parece, portanto, que não posso fazer nada, que sou simplesmente incapaz de pensar ou agir sem um resultado em mente. Mesmo que eu faça ou não faça alguma coisa, não faz diferença: ainda estou procurando um resultado de maneira compulsiva e impotente. Então, me vejo preso em uma armadilha teleológica. Eu preciso de um propósito. Eu quase poderia dizer que eu *sou* o propósito.

Entretanto, esta é uma descoberta extremamente importante, pois significa que descobri o que eu, o que meu ego, realmente é: um mecanismo de buscar resultado. Tal mecanismo é um dispositivo útil quando o resultado em questão são coisas como alimento ou abrigo para o corpo. Mas quando os resultados que o mecanismo busca não são objetos externos, mas estados de si mesmo, como a felicidade, o mecanismo emperra. Ele está tentando se elevar alavancando a si próprio. Está trabalhando intencionalmente, como deveria, mas sem propósito. Está procurando resultados em termos de si próprio. Deseja obter resultados do processo de buscar por resultados. Este é um mecanismo de feedback irremediavelmente falho e descontrolado. No entanto, aí reside a única possibilidade. Ele pode perceber a armadilha do círculo vicioso em que se encontra. Pode se dar conta da completa inutilidade e autocontradição de sua situação. E é capaz de ver que não pode fazer absolutamente nada para sair disso. E essa percepção de "não *poder* fazer nada" é precisamente *mui*. Misteriosamente, o indivíduo foi bem-sucedido em nada fazer.

Nesse momento, surge uma mudança repentina no centro de gravidade de toda a nossa personalidade. Você simplesmente *descobre* a si mesmo fora da armadilha, fora do mecanismo de busca por um resultado, que agora aparece como uma espécie de objeto com todos os seus propósitos sem propósitos. Você se vê como uma criatura em busca de um propósito, mas percebe que a existência dessa criatura não tem propósito. Em relação a tudo mais afora sua própria preservação você é maravilhosamente inútil. Seu objetivo é preservar e perpetuar a si mesmo, mas no contexto amplo do universo não há razão ou propósito para esse objetivo.

Antes, isso o teria deprimido. Agora, você nem se importa. Pois, como eu disse, o centro de gravidade mudou e você não se sente mais identificado com esse absurdo mecanismo de propósitos sem propósito. Nas palavras de Lao-tzu: "O universo é perpétuo. A razão pela qual ele é perpétuo é que ele não vive para si mesmo. Portanto, perdura. Assim, o sábio coloca-se para trás, e descobre-se na frente, considera sua pessoa de fora de si mesmo, e sua pessoa é preservada. Não é porque ele não vive para si mesmo que ele compreende a si próprio?" Em outras palavras, quando a mudança ocorre, quando ele se descobre fora de si mesmo, fora da armadilha teleológica, a armadilha perde seu efeito, o mecanismo que busca resultados se endireita e já não busca a si mesmo nem estados de si mesmo.

Mas lembre-se, tudo isso acontece *mui* – outra boa tradução para isso poderia ser "de forma alguma", que é diferente de "de alguma forma". Não há procedimento, método ou técnica que você ou eu possamos usar para viver em harmonia com o Tao, o Caminho da Natureza, porque cada modo, cada método implica um objetivo. E não podemos fazer do Tao um objetivo assim como não podemos apontar uma flecha contra si mesma. Uma vez imersos no confuso estado de flecha que tenta atirar em si mesma, do eu que tenta mudar a si mesmo, não podemos fazer nada para parar isso. Enquanto pensamos ou sentimos que podemos parar isso, que há algum modo, violento ou sutil, difícil ou fácil, de deixarmos de ser egoístas, a contradição continuará ou piorará. Temos que ver que não tem jeito. Quando chegamos ao estado em que percebemos que não podemos encontrar nenhum caminho, nenhum resultado a ser alcançado, o círculo vicioso é quebrado. *Ouroboros*, a serpente que morde a própria cauda, tornou-se consciente, e sabe, finalmente que a cauda é outra extremidade sua, oposta à cabeça.

Nós nos encontramos nesses círculos por causa da ignorância, da inconsciência da natureza de nossas mentes, de nossos processos mentais, de nós mesmos. E o antídoto para a ignorância não é ação, mas conhecimento – não do que fazer, mas do que sabemos. Mas aqui, novamente, o conhecimento necessário não parece ser, à primeira vista, algo muito promissor ou animador. Já que o único conhecimento nessa esfera do qual se pode falar é o conhecimento negativo – o conhecimento da armadilha, do nosso impotente aprisionamento numa busca inútil. O conhecimento positivo – do Tao, de Deus ou da Realidade eterna – implica uma experiência imediata e momentânea. Nunca pode ser expresso em palavras, e qualquer tentativa de fazê-lo simplesmente se torna outro aspecto da armadilha. Tenho consciência de que nós não gostamos de ouvir que estamos presos em uma armadilha, que não podemos fazer nada para sair disso; e gostamos ainda menos de comprovar que se trata de uma vívida experiência. Mas não há outro jeito de nos livrarmos dela. Um provérbio diz que o desespero do homem é a oportunidade de Deus. Nós só seremos capazes de nos libertar quando conhecermos a real gravidade de nossa situação e descobrirmos que qualquer luta pelos ideais espirituais é completamente inútil – já que o próprio fato de procurá-los os afasta. Mas por que isso deveria nos surpreender? Já não foi dito repetidas vezes que devemos morrer para viver, que o céu está sempre do outro lado do Vale das Sombras da Morte – um vale do qual a morte física é meramente um símbolo –, e no qual o cadáver indefeso, com as mãos e os pés amarrados e envolto em sua mortalha, é simplesmente uma representação da morte em que vivemos enquanto continuamos a confundi-la com a vida?... Para onde vamos daqui? Não vamos. Nós *chegamos* ao fim. Mas este é o fim da noite.

## Leveza no trato

Chesterton disse certa vez que os anjos conseguem voar porque enxergam a si mesmos com leveza. O que se vê é uma quantidade de rostos nublados por uma seriedade que, se fosse proveniente da dor, seria compreensível. Mas esse tipo de seriedade que arrasta o homem para a terra e mata a vida de seu espírito não é fruto da dor, mas de um certo tipo de representação na qual o ator se engana ao se identificar com o seu papel. Há uma seriedade no faz de conta das crianças, mas até isso é diferente, porque a criança tem consciência de que aquilo é apenas uma brincadeira e sua seriedade é uma maneira indireta de se divertir. Mas essa seriedade se torna um vício no adulto, porque transforma a brincadeira numa religião, identificando-se a tal ponto com o seu papel ou posição na vida que ele teme perdê-los. Isso é especialmente verdade quando o indivíduo não iluminado atinge qualquer nível de responsabilidade; ele desenvolve uma falta de leveza no trato, uma ausência de entrega, uma rigidez que indica que ele está usando sua dignidade como pernas de pau para manter a cabeça acima das adversidades. Seu problema é que, em vez de *desempenhar* o papel, este é que passa a representá-lo, transformando-o em motivo de riso para todos que veem através de seu disfarce. A mensagem da sabedoria oriental é que as formas de vida são *maias* e, por isso, profundamente desprovidas de seriedade do ponto de vista da realidade. Pois o mundo da forma e da ilusão que a maioria toma como real não é mais do que um faz de conta do Espírito, ou, como os hindus definiram, a Dança de Shiva. Iluminado é aquele que se junta a esse faz de conta sabendo que se trata de uma brincadeira, pois o homem sofre apenas porque leva a sério o que os deuses criaram por diversão. Portanto, o homem só se torna homem quando perde o senso da leveza dos deuses. Pois os deuses (ou budas, ou o que você preferir) são simplesmente nossa essência mais profunda, que poderia arrasar o universo num instante se quisesse. Mas não o faz, e mantém os mundos em movimento com o divino propósito de brincar, porque, assim como um músico, é criadora que se deleita em gerar um ritmo e uma melodia. Assim, participar de sua brincadeira não é um dever, mas uma alegria, e quem não enxerga isso como uma alegria não pode brincar nem compreender a brincadeira.

# Pássaros no céu

**Ao cruzar o céu, uma flecha ou um pássaro** não deixa rastros. Nas filosofias chinesa e hindu essa é uma metáfora recorrente que é usada, por estranho que pareça, para coisas que não aparentam nem um pouco se assemelhar. O voo veloz e sem rastros de uma flecha é usado como imagem da impermanência, da passagem da vida humana através do tempo, da inevitável verdade de que todas as coisas acabam se dissolvendo "sem deixar rastros". No entanto, segundo um dos provérbios de Buda, o trajeto invisível dos pássaros no céu é comparado ao modo de vida de um sábio, o tipo de indivíduo extraordinariamente modesto e que passa despercebido, assim descrito por este poema chinês:

> Penetra a floresta e não perturba uma folha de grama;
> Entra na água e não causa ondulação.

Pois a imagem representa várias qualidades que são, na verdade, aspectos da mesma coisa. Representa a liberdade e o desapego da mente do sábio, uma consciência semelhante ao céu, na qual a experiência se desloca sem deixar rastro algum. Como diz outro poema:

> A sombra do bambu varre as escadas,
> Mas não levanta pó.

E, paradoxalmente, esse desapego *de* é também uma harmonia *com*, porque um homem que penetra a floresta sem perturbar uma folha de grama é alguém que não está em conflito com a natureza. Como os batedores indígenas norte-americanos, ele caminha sem produzir um único estalo de galho quebrado sob seus pés. Como os arquitetos japoneses, ele constrói uma casa que parece fazer parte do ambiente natural. A imagem também representa o fato de que o caminho do sábio não pode ser traçado nem seguido, pois a sabedoria autêntica não pode ser imitada. Cada homem deve encontrá-la sozinho, pois de fato não há como expressá-la através de palavras ou alcançá-la por meio de métodos ou orientações específicas.

Mas, na realidade, existe uma íntima conexão entre esses usos aparentemente distintos da metáfora – o caminho do sábio, de um lado, e a impermanência da vida, do outro. E a conexão revela o princípio mais profundo e central dessas filosofias orientais que tanto confundem a mente ocidental por identificar a mais alta sabedoria com o que, para nós, parece a doutrina da abjeta desesperança. De fato, a palavra *desesperança*, em uma determinada acepção, é a tradução adequada do termo do budismo hindu para *nirvana*: des-esperar, expirar, morrer. Não conseguimos compreender como os orientais equiparam essa desesperança à suprema alegria – a menos que, como somos inclinados a supor, sejam no final das contas indivíduos depravados e sem fibra acostumados há muito tempo ao fatalismo e à resignação.

Causa-me constante pasmo constatar como os reflexivos ocidentais – particularmente os cristãos – parecem quase *determinados* a deixar escapar o âmago dessa conexão. Acaso o imaginário cristão não está repleto do tema da morte como prelúdio essencial para a vida eterna? Não foi escrito que o próprio Cristo morreu depois de haver exclamado que Deus o abandonara? E nas escrituras cristãs não abundam paradoxos sobre "não ter nada e ainda assim possuir tudo", sobre encontrar nossa alma quando a perdemos e sobre o grão de trigo que só frutifica se morrer?

"Sim, é verdade", dizem os clérigos, "mas o cristão nunca perde *realmente* a esperança, ele nunca morre *realmente*. Em meio às adversidades, a toda a morte e desesperança externas, ele é fortalecido pela fé e esperança interior de que "o melhor ainda está por vir". Ele enfrenta o pior que a vida pode oferecer com a firme crença de que a realidade suprema é o Deus do amor e da justiça em quem deposita toda a sua esperança pela "vida do mundo que há de vir".

Entretanto, acho que dizemos, sentimos e pensamos tanto sobre essa esperança que perdemos a impressionante eloquência do *silêncio* budista sobre toda essa questão. Quando se trata de palavras, pensamentos, ideias e imagens, as doutrinas budistas e a maioria das formas de hinduísmo são tão negativas e sem esperança que parecem uma espécie de elogio do niilismo. Não apenas insistem que a vida humana é impermanente, que o ser humano não tem uma alma imortal e que, eventualmente, qualquer rastro de nossa existência irá desaparecer, como também vão adiante e nos indicam, como o objetivo do homem sábio, uma libertação dessa vida transitória que não parece nem um pouco libertação – um estado chamado nirvana que pode ser traduzido como "desesperança", e atingimento de uma condição metafísica chamada *shunyata*, um vazio tão vazio que consiste em não ser existente nem não existente! Pois a não existência *implica* a existência como sua contraparte lógica, enquanto que *shunyata* é tão vazio que não implica coisa alguma.

Além disso, por incrível que pareça, vão ainda mais longe. O nirvana, que por si só já é negação suficiente, é descrito em um texto como algo que não é melhor do que um toco morto ao qual você amarra o seu burro, e que, insistem, quando se consegue atingi-lo, percebe-se que não se atingiu nada. Talvez eu possa explicar de forma mais inteligível. Essas doutrinas enfatizam em primeiro lugar o fato um tanto triste e óbvio de que o homem não tem um futuro duradouro. Sem exceção, tudo o que conquistamos ou criamos, até mesmo os monumentos que sobrevivem à nossa morte, irão desaparecer sem deixar rastros, e que nossa busca por permanência é pura futilidade. Como, além disso, a felicidade existe apenas em relação ao sofrimento, o prazer em relação à dor, o homem perceptivo não tenta separá-los. A relação é tão indissociável que, de certa forma, a felicidade é sofrimento e o prazer é – porque implica – dor. Dando-se conta disso, ele abandona todo desejo por qualquer tipo de felicidade separada do sofrimento ou prazer que não implique dor.

Naturalmente, entretanto, isso é difícil de perceber. Talvez eu possa entender verbal e intelectualmente que, desejando prazer, estou tentando saciar minha sede com água salgada – pois, quanto mais prazer obtenho, mais desejo. (E lembre-se da antiga acepção de "desejar" como "carecer"!) Desejar prazer é carecer dele. Mas, ainda assim, parece que sou incapaz de me livrar do hábito emocional de desejá-lo. Se, então, percebo que o meu desejo de prazer implica dor, começo a desejar não desejar, desejar o nirvana, procurar desistir. Com isso, no entanto, simplesmente transformo nirvana em outro nome para prazer. Já que prazer, por definição, é objeto do desejo. É o que nos agrada, ou seja, o que desejamos. Se descubro que desejo é sofrimento, e então desejo não desejar... bem, começo a experimentar aquela sensação de "já não passei por isso antes?"

É por esta razão que o budismo sugere o nirvana com termos que são negativos e vazios, e não com o imaginário positivo e desejável que envolve a noção de Deus. Nirvana equivale a *Shunyata*, o Nada além do nada, para sugerir que é simplesmente impossível desejá-lo. O que quer que sejamos capazes de desejar ainda é prazer que implica dor. O nirvana, a libertação do sofrimento e do desejo, é chamado de inatingível – não porque não pode acontecer, mas porque não há caminho para buscá-lo.

A questão da ênfase na impermanência é que cada objeto de busca, de desejo é, no final das contas, inatingível e fútil. Para nos libertarmos dessa futilidade, precisamos parar de buscá-la. Buscar Deus, desejá-lo, é meramente rebaixá-lo ao patamar de objetivos fúteis ou, na linguagem cristã, confundir o Criador com suas criaturas. Da mesma forma, desejar o nirvana é simplesmente transformá-lo em outro nome para o sempre esquivo prazer. Então, enquanto continuarmos pensando em Deus, falando sobre Deus ou procurando por Deus, não podemos encontrá-lo.

Agora, do ponto de vista da cultura ocidental, antiga ou moderna, cristã ou secular, capitalista ou comunista, isso constitui a grande heresia, pois a cultura ocidental é dedicada à crença de que *existe* uma fórmula para a felicidade, uma resposta à pergunta: "O que devo *fazer* para me salvar?" Toda propaganda política, toda publicidade e a maior parte do que chamamos de educação são baseadas no pressuposto de que "existe um Caminho" e que é apenas uma questão de "saber como". (Se alguns detalhes ainda não foram entendidos, dê aos cientistas mais alguns meses que eles chegam lá.)

Bem, quando vamos crescer? Em uma profissão que combina filosofia, religião, psicologia e educação, você conhece tantas pessoas que têm a resposta, a grande fórmula para a felicidade humana – se ao menos pudéssemos colocá-la em prática, o que, por um motivo ou outro, não o fazemos. Assim sendo, supõe-se que qualquer um que fale muito sobre filosofia e psicologia seja um dos que têm as respostas, e é colocado mais ou menos automaticamente no papel social de salvador, pregador, conselheiro e guia. Aquele que conhece o caminho!

Mas não há Caminho algum. Ninguém conhece o Caminho. O único caminho que existe é a trajetória de um pássaro no céu – num momento você o vê, no outro não o vê mais. Sem deixar o menor rastro. A vida não vai para lugar algum, não há nada a alcançar. Toda luta e esforço para se agarrar a algo é como fumaça no aperto de uma mão que se dissolve. Estamos todos perdidos – lançados no vazio no momento em que nascemos – e o único caminho é cair no esquecimento.

Isso *soa* terrível, mas é porque se trata de uma meia-verdade. A outra metade não pode ser expressa em palavras. Não é possível descrevê-la, imaginá-la ou pensá-la. O que pode ser expresso em palavras é: todo mundo está se dissolvendo no *nada* e não há nada a fazer.

É possível, somente por um momento, perceber isso sem tirar conclusões precipitadas, sem começar a acusar *pessimismo, desespero* ou *niilismo*? É tão difícil assim admitir que todas as nossas bem colocadas armadilhas para a felicidade são apenas muitas maneiras de nos enganar que por meio de meditação, psicanálise, dianética, raja yoga, zen-budismo ou ciência mental de alguma forma *nós* conseguiremos nos salvar deste desaparecer no nada final?

Porque, se não percebermos isso, tudo mais na filosofia oriental, no hinduísmo, budismo e taoismo permanecerá um livro fechado. Saber que não podemos fazer nada é o começo. A lição número um é: "Eu desisto".

E, depois, o que acontece? Você se descobre em um estado mental talvez bastante desconhecido. Simplesmente observando. Sem tentar conseguir coisa alguma. Sem esperar nada. Sem desejar. Sem buscar. Sem tentar relaxar. Apenas observando, sem propósito.

Eu não deveria dizer nada sobre o que acontece a seguir. Já que ter expectativas, prometer um resultado, estraga tudo. As últimas palavras devem ser: "Não há esperança, nem caminho". Ainda que não haja mal em dizer algo mais – algo mais sobre o que há do outro lado da desesperança, desde que todos nós entendamos que algo do outro lado da desesperança não pode ser desejado e é, de qualquer forma, descartado se mantivermos expectativas.

Diz o provérbio: "Panela vigiada não ferve". Todos nós estamos familiarizados com os muitos atos involuntários do corpo humano que nunca acontecem quando ansiamos por eles – como adormecer, lembrar de um nome ou, sob certas circunstâncias, excitação sexual. Bem, há algo como isso que *acontece* apenas sob a condição de que não estejamos tentando fazer com que aconteça, que percebamos claramente que *não podemos* fazer isso acontecer. No Zen, isso é chamado de satori, o despertar repentino.

Talvez agora possamos ver a razão do duplo significado da metáfora da trajetória do pássaro no céu. Assim como o pássaro não deixa rastros, nenhum vestígio de seu voo no vazio, o desejo humano não pode obter nada da vida. Mas dar-se conta disso é tornar-se sábio, já que a maior sabedoria está do outro lado, imediatamente do outro lado da maior desesperança. É, claro, algo mais do que desesperança – um contentamento, um senso de vida e poder criativos, eu poderia até dizer uma segurança e certeza além do que se pode imaginar. Mas essa é uma forma de sentir que tanto a vontade como a imaginação são incapazes de provocar, assim como não se pode fazer os ossos crescerem, nem a pulsação diminuir. Tais coisas têm que acontecer sozinhas.

Da modo semelhante, tudo o que é positivo, todo o conteúdo criativo dessa experiência espiritual que é chamada de despertar, nirvana, deve necessariamente acontecer sozinho. Isso não apenas não pode, como não *deve* ser induzido por tentativa e vontade, uma vez que qualquer coisa que possa ser desejada não poderá ser *tal* experiência.

## Andando na roda

**Quase todos os princípios fundamentais da vida** podem ser expressos de duas maneiras opostas. Há quem diga que, para alcançar a mais alta sabedoria, devemos ser tranquilos e serenos, inabaláveis em meio à agitação. E há aqueles que afirmam que devemos nos mover acompanhando a vida, sem parar por um momento seja por medo do que está por vir, seja para olhar com pesar para o que já aconteceu. Os primeiros são aqueles que ouvem a música, deixando o fluxo das notas passar por suas mentes sem tentar pará-las ou acelerá-las. Como o homem perfeito de Chuang-tzu, eles usam a mente como um espelho: nada segura, nada rejeita; recebe, mas nada retém. Os últimos são aqueles que dançam com a música, acompanhando o ritmo e deixando seus membros fluírem com ela incessantemente e sem hesitação, como nuvens que respondem ao sopro do vento. Os primeiros parecem refletir os eventos à medida que passam, e os últimos avançam com eles. Ambos os pontos de vista, no entanto, são legítimos, pois para alcançar a mais alta sabedoria, devemos andar e permanecer imóveis ao mesmo tempo. Consideremos a vida como uma roda giratória colocada na vertical com o homem caminhando sobre ela. À medida que ele avança, a roda gira na direção contrária sob seus pés, e se ele não quiser ser levado para trás e cair no chão, deve andar na mesma velocidade em que a roda gira. Se ultrapassar essa velocidade, cairá para frente, de cara no chão. A cada momento é como se estivéssemos no topo da roda; no instante em que tentamos nos apegar a esse momento, àquele ponto específico da roda, ele não está mais no topo e perdemos o equilíbrio. Assim, ao não tentarmos nos apegar ao momento, nós o mantemos, uma vez que, no exato instante em que deixamos de andar, não conseguimos nos manter no topo. No entanto, dentro disto há uma verdade ainda mais profunda. Do ponto de vista da eternidade, não podemos e nunca deixamos o topo da roda, pois um círculo localizado no espaço infinito não tem parte superior ou inferior. Onde quer que você esteja, é o topo, e a roda gira apenas porque você a impulsiona com seus próprios pés.

# A LINGUAGEM DA EXPERIÊNCIA METAFÍSICA

**EXISTE UMA ÁREA DA EXPERIÊNCIA HUMANA** para a qual não temos de fato um nome adequado em nossas línguas ocidentais, pois, embora seja fundamental para assuntos como religião, metafísica e misticismo, não é idêntico em nenhuma delas. Refiro-me ao tipo de experiência eterna que é descrita como o conhecimento mais ou menos imediato de Deus, ou da realidade última, da fundação ou essência do universo, qualquer que seja o nome com o qual ela seja representada[1].

De acordo com as antigas tradições espirituais da Europa e da Ásia, que abrangem modos de vida e pensamentos tão diferentes quanto o budismo e o catolicismo, essa experiência é a suprema realização da vida humana – a meta, o objetivo final, para o qual a existência humana está direcionada.

No entanto, de acordo com a filosofia lógica moderna – o empirismo científico, o positivismo lógico e similares – afirmações desse tipo são simplesmente sem sentido. Embora se admita que possa haver interessantes e agradáveis experiências de caráter "místico", a filosofia lógica considera absolutamente ilegítimo considerar que elas contenham qualquer conhecimento de natureza metafísica, que constituam uma experiência da "realidade suprema" ou do Absoluto.

Essa crítica não se baseia em uma análise psicológica da experiência em si, mas em uma análise puramente lógica de conceitos universais

---

1 Não associei simplesmente essa experiência a "misticismo", porque muitas vezes este contém elementos simbólicos e afetivos que não são de forma alguma essenciais para o tipo de experiência da qual estou tratando.

como Deus, Realidade Suprema, Ser Absoluto e afins – que se demonstrou serem termos sem significado. Não é o objetivo deste capítulo descrever os passos dessa crítica com detalhes, uma vez que eles devem ser bastante familiares para o aluno de filosofia moderna e não parece necessário discordar do próprio raciocínio lógico. O ponto de partida deste trabalho, por mais contrário à razão que isso pareça, consiste no argumento básico da filosofia lógica moderna como contribuição extremamente importante para o pensamento metafísico, permitindo avaliar o caráter e a função autênticos dos termos e símbolos metafísicos de uma forma muito menos confusa do que até agora tinha sido possível.

Essa avaliação, no entanto, não é o tipo de desvalorização proposta por alguns dos expoentes da filosofia lógica, como Russell, Ayer e Reichenbach. Pois a contribuição positiva da filosofia lógica para a metafísica e a religião foi prejudicada pelo fato de que esses expoentes não se contentaram apenas em serem lógicos. Devido a um certo preconceito emocional contra visões religiosas ou metafísicas, essa crítica lógica tem sido usada como um instrumento numa polêmica, até mesmo numa propaganda, com motivações emocionais em vez de lógicas.

Uma coisa é mostrar que o conceito de Ser não tem um significado lógico. Outra é dizer que este e outros conceitos metafísicos de natureza semelhante não são filosofia, mas poesia, onde o termo "poesia" carrega uma conotação depreciativa muito forte. A implicação é que a "poesia" de símbolos religiosos e metafísicos pode ser causa ou razão de experiências emocionais muito requintadas e inspiradoras, mas essas, como "as artes" em tempos de guerra, estão entre as coisas secundárias da vida. O filósofo sério os considera belos brinquedos – um meio para decorar a vida, mas não para entendê-la – mais ou menos do mesmo jeito que um médico adorna seu consultório com uma máscara curativa dos mares do sul. Tudo isso nada mais é do que criticar com elogios vagos.

Enquanto os expoentes de filosofia lógica procuraram, por sua vez, desvalorizar os *insights* da metafísica e da religião, a maioria dos supostos defensores da fé tento na maioria das vezes buscar de uma forma um tanto ineficaz por meios para derrotar a filosofia lógica no seu próprio jogo. No geral, o contra-ataque mais bem-sucedido parece ter respondido um desdém com outro; como, por exemplo, o gracejo de que Ayer, Reichenbach e companhia trocaram a filosofia pela gramática.

No entanto, no contexto da filosofia e religião ocidentais, essa situação não é nem um pouco surpreendente, pois sempre tivemos a impressão de que as afirmações religioso-metafísicas pertencem à mesma categoria que as científicas e históricas. Geralmente, damos como certa a proposição "existe um Deus" é uma afirmação do mesmo tipo que "há estrelas no céu". A afirmação de que "e nele tudo subsiste" sempre pareceu transmitir informação nos mesmos moldes da afirmação contida em "todos os seres humanos são mortais". Além disso, "Deus criou o universo" é tida como uma declaração de caráter histórico como "Alexander Graham Bell inventou o telefone".

O Dr. F.S.C. Northrop está então perfeitamente correto ao apontar a similaridade essencial entre a ciência, por um lado, e a tradição religiosa judaico-cristã, por outro, na medida em que ambas se relacionam com a "verdade" como uma estrutura de realidade objetiva, cuja natureza é determinada, mesmo que seja invisível. Na verdade, o espírito científico tem suas origens históricas no tipo de mentalidade interessada em conhecer o sobrenatural e o invisível em termos de proposições positivas, que desejam conhecer *quais fatos* residem por baixo da superfície dos eventos. Assim, a teologia cristã e a ciência têm, de certa forma, a mesma relação histórica que a astrologia e a astronomia, que a alquimia e a química: ambas constituem o corpo de uma teoria cujo objetivo é explicar o passado e prever o futuro[2].

---

2 É claro que existem outras interpretações das funções apropriadas da alquimia e da astrologia, representando seus objetivos como totalmente diferentes dos da

Mas o cristianismo não desapareceu como os alquimistas. Desde o surgimento da ciência moderna, a teologia tem desempenhado um papel extremamente problemático. Ela adotou inúmeras e diferentes atitudes em relação à ciência, que vão desde denunciá-la como sua doutrina rival, passando por reconciliação e adaptação, até um tipo de retraimento no qual impera o sentimento de que a teologia fala de um domínio inacessível à pesquisa científica. Durante todo esse tempo, houve uma suposição geral por parte tanto de teólogos quanto de cientistas de que ambas as disciplinas usavam o mesmo tipo de linguagem e que estavam interessadas no mesmo tipo de objetivo: determinar verdades. De fato, quando alguns teólogos falam de Deus como tendo "uma realidade objetiva e sobrenatural, independente de nossas mentes e do mundo sensível", é impossível ver como sua linguagem difere da linguagem da ciência. Pois parece que Deus é uma coisa ou fato específico – uma existência objetiva – sobrenatural no sentido de que Ele não pode ser percebido pela "faixa de ondas" de nossos órgãos sensoriais e instrumentos científicos.

Enquanto essa confusão entre a natureza das declarações religiosas ou metafísicas, por um lado, e as científicas ou históricas, por outro, permanecer não esclarecida, será difícil, é claro, ver como a filosofia lógica moderna pode contribuir de maneira positiva para a metafísica. Num sistema teológico em que Deus desempenha o papel de uma hipótese científica, isto é, de um meio de explicar e prever o curso dos eventos, é fácil demonstrar que a hipótese não acrescenta nada ao nosso conhecimento. Ninguém explica o que acontece dizendo que é pela vontade de Deus. Pois se tudo o que acontece é devido à intencionalidade ou permissividade divina, a vontade de Deus simplesmente se torna outro nome para "tudo o que acontece". Sob uma análise lógica,

---

ciência. Profundamente entendidas, nem a alquimia nem a astrologia têm a ver com a previsão e o controle de eventos *futuros*, mas são antes um simbolismo dos *eternos* "eventos" e o processo de sua realização no *presente*.

a afirmação: "Tudo está de acordo com a vontade de Deus", torna-se tautologia: "Tudo é tudo".

Simplificando, até agora a contribuição da filosofia lógica para a metafísica tem sido completamente negativa. O veredicto parece ser que, após uma análise lógica, todo o corpo da doutrina metafísica consiste em tautologia ou absurdos. Mas isso implica uma "ridicularização" completa da metafísica apenas como é entendida no Ocidente – como sendo constituída de declarações significativas que fornecem informações sobre "matérias transcendentais". A filosofia oriental nunca foi da séria opinião de que declarações metafísicas fornecem informações de caráter positivo. Sua função não é denotar a "realidade" como objeto de conhecimento, mas "curar" um processo psicológico no qual o homem frustra e tortura a si mesmo com todo tipo de problemas irreais. Para a mente oriental, a "realidade" não pode ser expressa; ela só pode ser conhecida intuitivamente, libertando-se da irrealidade, de maneiras contraditórias e absurdas de pensar e sentir.

A principal contribuição da filosofia lógica nessa esfera é simplesmente a confirmação de uma questão há muito tempo clara tanto para hindus quanto para budistas, embora talvez menos amplamente percebida pela tradição cristã. Tal questão é a de que tentar falar e pensar sobre ou conhecer a Realidade Suprema é uma tarefa impossível. Se a epistemologia é a tentativa de conhecer o conhecimento e a ontologia a tentativa de definir "o ser", ambas são, evidentemente, procedimentos circulares e fúteis, como tentar morder os próprios dentes. Em um comentário sobre o Kena Upanishad, Shankara diz:

> É possível obter um conhecimento claro e concreto de tudo o que pode se tornar objeto de conhecimento: mas isso não é possível no caso da Suprema Realidade, porque não se trata de um objeto. Uma vez que a Suprema Realidade é Brâman, que é o Conhecedor, e o Conhecedor pode conhecer outras coisas, mas não pode ser objeto de seu próprio conhecimento, assim como o fogo pode queimar outras coisas, mas não a si mesmo.

Da mesma forma, o Brihadaranyaka Upanishad diz:

> Você não pode ver aquele que vê a visão, nem ouvir quem ouve a audição, nem perceber quem percebe a percepção, nem conhecer o conhecedor do conhecimento (iii, 4.2).

Ou nas palavras de um poema budista:

> É como uma espada que fere, mas não pode ferir a si mesma;
> É como um olho que vê, mas não pode ver a si próprio[3].

A física enfrenta um problema semelhante ao tentar investigar a natureza da energia. Porque chega um momento em que a física, assim como a metafísica, penetra no campo da tautologia e do absurdo devido à natureza circular do trabalho que pretende – estudar elétrons com instrumentos que, afinal, também são elétrons. Mesmo correndo o risco de citar uma fonte que de certo modo é ultrapassada, a afirmação clássica desse problema é encontrada em *Natureza do mundo físico*, de Eddington:

> Houve um tempo em que gostaríamos de saber o que o elétron é. Essa questão nunca foi respondida... *Algo desconhecido está fazendo algo que desconhecemos* – este é o resultado de nossa teoria. Não parece uma teoria particularmente esclarecedora. Li algo semelhante em outro lugar:
>
> > The slithy toves
> > Did gyre and gimble in the wabe[4].
>
> É a mesma sugestão de atividade. A mesma imprecisão sobre a natureza da atividade e do que está atuando[5].

---

3 *Zenrin Kushu*: uma antologia da poesia chinesa empregada no estudo e na prática do budismo Zen.

4 "As lesmolisas touvas / Roldavam e relviam nos gramilvos", na tradução de Augusto de Campos do poema *Nonsense* de Lewis Carroll: "Jabberwocky", ou "Jaguadarte" [N.T.].

5 EDDINGTON, Sir A.S. *Nature of the Physical World*. Londres, 1935, p. 280.

Eddington ressalta que, apesar de sua imprecisão, a física pode "obter resultados", uma vez que os elétrons, aqueles desconhecidos dentro do átomo, podem ser contados.

Oito lesmolisas touvas roldando e relviando nos gramilvos de oxigênio; Sete no nitrogênio. Ao admitir alguns números, até o "Jaguadarte" pode se tornar científico. Agora podemos nos aventurar a fazer uma previsão; se uma das suas touvas escapar, o oxigênio adquirirá uma aparência que, de fato, pertence ao nitrogênio... A tradução para o idioma "Jaguadarte" é um bom lembrete sobre a impenetrabilidade essencial das entidades fundamentais da física; desde que todos os números – todos os atributos métricos – não sejam alterados, eles não serão afetados[6].

A questão que emerge é que o que estamos contando ou medindo na física, e o que experimentamos na vida cotidiana como dados sensoriais, é essencialmente desconhecido e provavelmente incognoscível.

Nesse aspecto, a filosofia lógica moderna afasta o problema e direciona sua atenção para algo diferente, partindo do princípio que o que é incognoscível não precisa ser, nem pode ser, preocupação nossa. Ela afirma que as perguntas que não têm uma resposta física ou lógica possível não são perguntas autênticas. Mas essa afirmação não nos liberta do *sentimento* humano comum de que o desconhecido ou o incognoscível, como elétrons, energia, existência, consciência ou "Realidade" são, de certa forma, *esquisitos*. O próprio fato de não ser possível conhecê-los ainda os torna mais estranhos. Apenas um tipo de mente bastante árida não quer saber nada sobre eles – uma mente interessada apenas em estruturas lógicas. A mente mais completa, que pode tanto sentir como pensar, continua a "deixar-se levar" pelo estranho senso de mistério que surge ao contemplar o fato de que tudo, no frigir dos ovos, é algo que não pode ser conhecido. Toda afirmação que você faz sobre esse "algo" se torna absurda. E o que é especialmente

---

6 Ibid., p. 281

estranho é que esse algo incognoscível também é a base do que eu, não fosse isso, conheceria tão intimamente – eu mesmo.

O indivíduo ocidental sente uma paixão peculiar por ordem e lógica, a tal ponto que, para ele, todo o sentido da vida consiste em ordenar a experiência. O que pode ser ordenado é previsível e, portanto, é uma "aposta segura". Tendemos a mostrar resistência psicológica a áreas da vida e da experiência nas quais lógica, definição e ordem – isto é, o que entendemos como "conhecimento" – são inaplicáveis. Para esse tipo de mentalidade, o domínio da indeterminação e dos movimentos brownianos é francamente desconfortável, e a contemplação do fato de que tudo é redutível a algo que não conseguimos compreender é até perturbadora. Não existe uma verdadeira "razão" para que isso seja perturbador, pois nossa incapacidade de saber o que são elétrons parece não interferir em nossa capacidade de prever seu comportamento em nosso próprio mundo macroscópico.

A resistência não se baseia em certo medo da ação imprevisível que o desconhecido pode produzir, embora eu desconfie que mesmo o positivista lógico mais inveterado teria que admitir que experimenta sentimentos estranhos diante do desconhecido chamado morte. A resistência é, antes, a relutância fundamental desse tipo de mente em contemplar os limites de seu poder de ter sucesso, ordem e controle. Ele sente que, se há áreas da vida que ele não pode ordenar, com certeza é razoável (isto é, organizado) esquecê-las e focar nas áreas da vida que *podem* ser ordenadas, pois dessa maneira o senso de sucesso da própria competência da mente, pode ser mantido. Para o intelectual puro, contemplar essas limitações intelectuais é uma humilhação. Mas para o indivíduo que é mais do que uma calculadora, o desconcertante é também maravilhoso. Em face do desconhecido ele sente como Goethe que

> o máximo que o homem pode alcançar é maravilhar-se. Quando o fenômeno primordial faz alguém maravilhar-se, deve esse alguém

dar-se por satisfeito; nada de superior pode ser extraído, e nada além disso ele deve buscar; aqui está o limite.

No tipo de experiência metafísica ou mística com a qual estamos lidando, esse sentimento de maravilhar-se – que tem todo tipo de profundidade e sutileza – é um dos dois componentes principais. O outro é um sentimento de libertação (para os hindus, *moksha*) que envolve a compreensão de que uma imensa quantidade de atividade humana é direcionada para solucionar problemas irreais e puramente fantásticos – para alcançar objetivos que na verdade não queremos.

A metafísica *especulativa* – ontologia e epistemologia – são aspectos intelectuais de problemas fantásticos, que são basicamente psicológicos, o que não significa que sejam restritos a pessoas com mentalidade filosófica ou mesmo religiosa. Como já indiquei, a natureza essencial desse tipo de problema é circular – tentar conhecer o conhecedor, de fazer o fogo queimar a si próprio. É por isso que o budismo diz que a libertação, nirvana, é libertar-se da Roda, e buscar a Realidade é "como procurar um boi quando já se está montado em um".

A base psicológica desses problemas circulares fica clara quando analisamos as suposições nas quais, por exemplo, os problemas da ontologia se baseiam. Que premissas de pensamento e sentimento subjazem o esforço do homem de conhecer o "ser", "existência" ou "energia" como objetos? Obviamente, uma suposição é que esses nomes se referem a objetos – uma suposição que não poderia ter sido feita se não houvesse por baixo dela a suposição de que "eu", o sujeito conhecedor, sou um pouco diferente do "ser", o suposto objeto. Se estivesse perfeitamente claro que a pergunta "O que é ser?" é o mesmo que perguntar "O que sou eu?" a natureza circular e fútil da pergunta teria ficado óbvia desde o início. Mas isso não fica tão óbvio pelo fato de que a epistemologia metafísica poderia perguntar "o que sou eu?" ou "o que é isso que é consciente?" sem reconhecer um círculo ainda mais óbvio. É claro que questões como essas só podem ser levadas a sério devido a um sentimento ilógico da necessidade de uma resposta. Esse sentimento – comum talvez à maioria dos seres humanos – é sem dúvida o senso de que "eu", o sujeito, é uma entidade única e isolada. Eu não precisaria me perguntar *o que* sou a menos que sentisse, de certa forma, que sou estranho a mim mesmo. Mas enquanto minha consciência parecer estranha, cortada e separada de suas próprias raízes, posso *sentir* propósito em uma questão epistemológica sem nenhum sentido lógico, já que sinto que a consciência é uma função do "eu" – sem reconhecer que o "eu", o ego, é simplesmente outro nome para designar consciência. A afirmação "eu sou consciente" é então uma tautologia oculta que diz apenas que a consciência é uma função da consciência. Você só pode escapar deste círculo com a condição de que o "eu" seja entendido como muito mais do que consciência ou seu conteúdo. Mas no Ocidente esse não é o uso costumeiro da palavra. Identificamos o "eu" com a vontade consciente, e não admitimos uma autoridade ou responsabilidade moral pelo que fazemos de forma inconsciente e involuntária – o que implica que tais atos não são nossas ações, mas simples eventos que "ocorrem" em nosso interior. Quando o "eu" se identifica com a "consciência", o indivíduo se sente como uma entidade desconectada, separada e desenraizada que age "livremente" no vazio.

Esse sentimento de desenraizamento é indubitavelmente responsável pela insegurança psicológica do homem ocidental e sua paixão por impor valores de ordem e lógica sobre a totalidade de sua experiência. No entanto, apesar de ser obviamente absurdo dizer que a consciência é uma função da consciência, parece não haver maneira de conhecer aquele do qual a consciência *é* uma função. Aquele que conhece – o qual é paradoxalmente chamado pelos psicólogos de inconsciente – nunca é objeto de seu próprio conhecimento.

Agora, a consciência, o ego, se sentirá desenraizada ao evitar e se recusar a aceitar o fato de que não conhece, nem pode conhecer, sua própria base ou fundamento. Mas, quando isso é reconhecido, a consciência se *sente* conectada, enraizada, mesmo que não saiba *a que* está conectada ou *em que* está enraizada. Enquanto continua a manter a ilusão de autossuficiência, omnicompetência e livre-arbítrio individual, ela ignora o desconhecido sobre o qual se instala. Pela familiar "lei do esforço invertido", essa rejeição do desconhecido produz um sentimento de insegurança que desencadeia todos os problemas frustrantes e impossíveis, todos os círculos viciosos da vida humana, do absurdo exaltado da ontologia, aos reinos vulgares da política de poder, em que os indivíduos brincam de Deus. Os horríveis artifícios do estado policial (cem por cento seguros e ordenados) para planejar os planejadores, guardar os guardiões e investigar os investigadores são simplesmente os equivalentes políticos e sociais das investigações metafísicas especulativas. Ambas têm sua origem psicológica na relutância da consciência, do ego, em enfrentar suas próprias limitações e admitir que o fundamento e a essência do conhecido são o desconhecido.

Não importa muito que você chame esse desconhecido de Brâman ou de blablablá, embora o segundo termo geralmente indique a intenção de esquecê-lo e o primeiro, de manter isso em mente. Mantendo isso em mente, a lei do esforço reverso age na direção oposta. Percebo que minha própria substância, o que sou, está completamente além de qualquer apreensão ou conhecimento. Não é "eu" – uma palavra que sugere que isso significa alguma coisa, é absurdo e nada, e é por isso que o budismo Mahayana chama isso de *tathata*, uma palavra cuja boa tradução poderia ser "talidade" e *shunyata*, de "vazio" ou indeterminado. Da mesma forma, o vedântico diz *"Tai tvam asi" – "Isso* é você" – sem ao menos dar uma definição positiva do que *isso* é. O homem que tenta conhecer a si mesmo, compreender-se, torna-se inseguro, assim como se sufoca se prender a respiração. Por outro lado, o homem que sabe que não pode compreender-se desiste, relaxa e se sente à vontade. Mas ele nunca sabe de fato se simplesmente dispensa o problema, e não para se perguntar, sentir ou tornar-se vividamente ciente da real impossibilidade do autoconhecimento.

Para a mentalidade religiosa do Ocidente moderno, essa abordagem totalmente negativa da Realidade é quase incompreensível, pois sugere apenas que o mundo se baseia na areia movediça do absurdo e do capricho. Para aqueles que equiparam sanidade a ordem, essa é uma doutrina de puro desespero. Ainda assim, há pouco mais de quinhentos anos, um místico católico disse que Deus "Por amor Ele pode ser alcançado e retido, mas nunca por pensamento", e que Deus deve ser conhecido através do "desconhecimento", da "ignorância mística"[7]. O amor a que ele estava se referindo não era uma emoção. Era o estado geral da mente que existe quando o homem, através da percepção dessa impossibilidade, deixa de tentar se compreender, de ordenar tudo e de ser o ditador do universo.

Em nossos dias, a filosofia lógica usa a mesma técnica de negação, dizendo-nos que em toda afirmação em que acreditamos ter capturado, definido ou meramente designado a Realidade, proferimos apenas absurdos. Quando a língua tenta expressar *a si mesma* com palavras, o máximo que se pode esperar é um trava-língua. Por essa razão, os procedimentos da filosofia lógica perturbarão apenas aqueles teólogos e metafísicos que imaginam que suas definições do Absoluto realmente definem algo. Mas os filósofos do hinduísmo e do budismo, e alguns poucos místicos católicos, sempre foram muito claros que palavras como "Brâman", "Tathata" e "Deus" não significam algo, mas sim nada. Indicam um vazio de conhecimento, mais ou menos como uma janela é definida por seu caixilho.

---

7 McCANN, Dom J. (ed.). *The Cloud of Unknowing*. Londres, 1943. A doutrina de "conhecer Deus por desconhecimento *(agnosia)*" deriva dos escritos do metafísico sírio do século VI Pseudo-Dionísio, o Areopagita, e em particular de sua "Teologia mística", apud MIGNE. *Patrologia Graeca*. Vol. 3. Uma tradução deste último trabalho encontra-se incluída na edição do Padre McCann.

No entanto, a filosofia lógica leva suas críticas ainda mais longe e diz que afirmações e exclamações absurdas dessa ordem não constituem filosofia porque não contribuem em nada para o conhecimento – o que significa que não nos ajudam a prever nada, nem oferecem qualquer orientação para o comportamento humano. Isso, em parte, é verdade, embora não leve em conta a questão tão óbvia de que a filosofia – sabedoria – consiste, tanto em seus espaços quanto em suas linhas, em reconhecer o que não é e não pode ser conhecido. Mas devemos ir além desse truísmo. Conhecimento é mais do que experiência, e sabedoria é mais do que prever e ordenar. A vida humana se torna um círculo vicioso fantástico quando o homem tenta ordenar e controlar o mundo e a si mesmo além de certos limites, e essa "metafísica negativa" pelo menos transmite a medida positiva de relaxar esse excesso de esforço.

Mas, além disso, eles têm uma consequência positiva ainda mais importante. "Integram" a lógica e o pensamento consciente com a matriz indeterminada, o absurdo, que encontramos na raiz de todas as coisas. A suposição de que a tarefa da filosofia, e também da vida humana, é cumprida apenas pela previsão e pela ordenação, e que o absurdo não tem valor, baseia-se numa espécie de "esquizofrenia" filosófica. Se o trabalho do ser humano é simplesmente lutar contra o caos com a lógica e determinar o indeterminável; se o "bem" é lógico e o "mal" é extravagante; então a lógica, a consciência e a mente humana estão em conflito com a fonte de sua própria vida e habilidade. Nunca devemos esquecer que os processos que formam essa mente são inconscientes e que, sob todas as ordens perceptíveis do mundo macroscópico, jaz o absurdo indeterminado do microscópico, o "roldando" e "relviando" de um "touva" chamado energia – sobre a qual nós nada sabemos. *Ex nihilo omnia fiunt*. Mas esse nada é algo muito estranho.

A filosofia lógica não parece ter encarado o fato de que os termos "absurdos", longe de não ter valor, são essenciais para qualquer sistema de pensamento. Seria impossível construir uma filosofia ou ciência que fosse um "sistema fechado" que definisse rigorosamente cada termo empregado. Gödel nos deu uma clara prova lógico-matemática do fato de que nenhum sistema pode definir seus próprios axiomas sem autocontradição e, desde Hilbert, os matemáticos modernos usam o argumento como um conceito totalmente indefinido. Da mesma forma que uma faca corta outras coisas, mas não a ela mesma, o pensamento usa instrumentos que definem, mas não podem ser definidos. A própria filosofia lógica também não se livra dessa limitação.

Por exemplo, quando a filosofia lógica afirma que "o verdadeiro significado é uma hipótese verificável", você deve reconhecer que essa mesma afirmação não faz sentido se não puder ser verificada. Da mesma forma, quando insiste que as únicas realidades são aqueles "fatos" demonstrados pela "observação científica", ela deve reconhecer que não pode responder e não vai responder à pergunta "O que é um fato?" Se dizemos que "fatos" ou "coisas" são segmentos de experiência simbolizados por substantivos, estamos simplesmente mudando o elemento irredutível do absurdo em nossa definição de "fato" para "experiência". Um certo absurdo básico é totalmente inevitável, e tentar construir um sistema de pensamento completamente autodefinidor é um círculo vicioso de tautologia. O idioma mal pode prescindir da palavra "é" e, no entanto, o dicionário só pode nos informar que "o que é" é "o que existe" e "o que existe" é "o que é".

Se, então, deve-se admitir que mesmo um termo absurdo, sem sentido ou indefinido é necessário para qualquer pensamento, já admitimos o princípio metafísico de que a base ou fundamento de todas as "coisas" é um nada indefinível (ou infinito) que está além de qualquer sentido – sempre escapando à nossa compreensão e controle. É o sobrenatural, no sentido de que não pode ser "definido" ou classificado, e o imaterial, no sentido de que não pode ser calculado, medido ou "materializado". Em toda sua plenitude, tal admissão é precisamente *fé* – o reconhecimento de que, em última análise, é preciso "render-se" à fonte da vida, para um "Eu" além do ego, que está além da definição do pensamento e do controle da ação.

A crença, no sentido cristão *popular*, está aquém dessa fé, pois seu objeto é um Deus concebido com uma determinada natureza. Mas na medida em que Deus pode ser um objeto conhecido de natureza definida, Ele é um ídolo, e acreditar em tal Deus é idolatria. Portanto, no próprio ato de demolir o conceito de Absoluto como um "o que" ou "fato" sobre o qual podem ser feitas afirmações e determinações significativas, a filosofia lógica deu sua contribuição mais vital à fé religiosa – às custas de sua antítese, a "crença" religiosa. Enquanto os positivistas lógicos inconscientemente juntam forças com os profetas hebreus em sua denúncia de idolatria, descobre-se é que os profetas estão alinhados com essa grande tradição metafísica que, no hinduísmo e no budismo, escolheu a exclusão de ídolos como conclusão adequada.

Em resumo, a função das "afirmações" metafísicas no hinduísmo e no budismo não é transmitir uma informação positiva sobre o Absoluto, nem indicar uma experiência na qual esse Absoluto se torna objeto de conhecimento. Como está escrito no Kena Upanishad: "Brâman é desconhecido para quem o conhece e conhecido para aqueles que não o conhecem". Esse conhecimento da Realidade através do desconhecimento é o estado psicológico do indivíduo cujo ego não está mais dividido ou dissociado de suas experiências, que não se sente mais como uma personificação isolada da lógica e da consciência, separada do "roldando" e "relviando" do desconhecido. Assim, ele é libertado do *samsara*, da Roda, da gaiola de hamster psicológica daqueles seres humanos que se frustram continuamente com as tarefas impossíveis de conhecer o conhecedor, controlar o controlador e organizar o organizador, como *ouroboros*, a cobra confusa que morde o próprio rabo.

## Boas intenções

**Há um velho ditado que diz** que de boas intenções o inferno está cheio. Aqueles que acreditam que a motivação é o fator mais importante em qualquer ação ficam confusos com tal ditado. Pois o primeiro passo no caminho de Buda não é ter a Motivação Certa? E não é reiteradamente enfatizado que cada passo é perigoso se não for dado com motivação pura? Mas cuidado com as boas motivações. Existem boas intenções e boas intenções, e as coisas nem sempre são o que parecem. Não há nada mais fácil do que abrir mão do mundo quando não se tem habilidades sociais. Não há sabedoria em desconsiderar as riquezas simplesmente porque se é incapaz de obtê-las, nem em desprezar os prazeres dos sentidos, porque não há meios de satisfazê-los. Se existe um desejo por essas coisas, e se esse desejo é frustrado pelas circunstâncias, acrescentar autoengano à frustração é trocar um inferno menor por um maior. Não existe inferno pior do que aquele em que se vive sem saber.

Porque o desejo que é desprezado pela única razão de não poder ser satisfeito é o maior dos inimigos do homem. O indivíduo pode fingir que ele não existe, que foi derrotado, mas precisa responder com sinceridade a questão: "Se *pudesse* satisfazer tal desejo, eu o faria?" Se esta pergunta não for respondida, renunciar ao mundo espetacularmente, optar por uma vida ascética, não por desejo, mas por necessidade e para se orgulhar dessa escolha, é esconder a face do inimigo e assim tornar-se duplamente vulnerável. Por isso, o primeiro passo no Caminho é saber *o que* você quer, não o que você *deve* querer. Só então o peregrino pode começar sua jornada totalmente preparado. Caso contrário, seria como um general liderando uma campanha em um território desconhecido e que, em vez de avaliar sua própria força, a força e a posição de seu inimigo, preocupa-se apenas com o que ele imagina que essas coisas *devam* ser. E, não importa quão boa seja sua imaginação, ele conduzirá, sem dúvida, seu exército ao inferno.

# Zen

**EMBORA ZEN SEJA UMA PALAVRA DE APENAS TRÊS LETRAS**, três volumes não o explicariam, nem mesmo três bibliotecas o explicariam. Se alguém compilasse livros sobre o assunto até o final dos tempos, eles não o explicariam, pois tudo o que poderia ser escrito seria apenas ideias *sobre* o Zen, não o próprio Zen. De fato, quem imagina ter explicado o Zen, na verdade, apenas explicou a própria visão; o Zen não pode ser limitado por uma definição assim como o vento não pode ser fechado em uma caixa sem deixar de ser vento. Assim, qualquer tentativa de se escrever sobre o Zen pode parecer um absurdo logo de saída, mas isso só acontece se o leitor ou escritor imaginar que o Zen pode estar contido em um conjunto de ideias. Um livro sobre Londres não é, em nenhum sentido, a própria Londres, e nenhuma pessoa sensata sonharia em pensar que é. No entanto, pessoas aparentemente inteligentes frequentemente cometem o erro igualmente ridículo de identificar um sistema filosófico, um dogma, um credo, com a Verdade Suprema, imaginando que descobriram que a Verdade cabe num conjunto de proposições que fazem sentido para elas. Há milhares de homens e mulheres vasculhando livros e mais livros, visitando sociedades religiosas e assistindo a palestras de professores famosos na vã esperança de que um dia encontrarão alguma explicação sobre os mistérios da vida: algum provérbio, alguma ideia, que conterá a solução para o Mistério Infinito. Alguns continuam a busca até morrerem, outros imaginam que em várias ideologias encontraram o que desejam, e alguns penetram além das ideias sobre a Verdade em busca da própria Verdade. Existem algumas religiões e filosofias que se prestam mais facilmente do que outras ao erro de confundir ideia com realidade, religiões nas quais o credo e o símbolo são enfatizados às custas da experiência espiritual que pretendem encarnar. Isso, no entanto, é menos uma reflexão sobre tais religiões do que sobre a ignorância de seus devotos. Mas há pelo menos um culto em que esse erro é quase impossível, precisamente porque não tem credo, nem sistema filosófico, nem cânone de escrituras ou doutrina intelectualmente compreensível. Até onde pode ser chamado de culto definido, consiste em recursos para libertar a alma de seus grilhões, recursos que são descritos de forma pitoresca como dedos apontando para a lua – e tolo é aquele que confunde o dedo com a lua. Este culto é o Zen, uma forma de budismo que se desenvolveu na China e agora floresce principalmente no Japão. Zen é em si uma palavra japonesa, derivada do chinês *Ch'an* ou *Ch'an-na*, uma forma do sânscrito *dhyana*, que geralmente é traduzido em inglês como "meditação" ou "contemplação". Essa, entretanto, é uma tradução equivocada, pois, embora na terminologia yoga *dhyana* signifique determinado estado de contemplação, um estado que poderíamos chamar de "transe", de forma um tanto imprecisa, Zen é um termo muito mais abrangente. Chegamos mais perto de seu significado se nos lembrarmos de que a palavra *dhyana* está relacionada com *jnana* (em grego *gnosis*) ou Conhecimento no mais alto sentido dessa palavra, que é a suprema iluminação espiritual. O termo jnana (às vezes grafado *dzyan*) é muito próximo do Zen, ainda mais quando lembramos que o Zen supostamente veio ao mundo no momento em que Gautama, o Buda, encontrou a Iluminação quando estava sentado certa noite sob a famosa Árvore de Bodhi em Bodhgaya, no norte da Índia. Lá, de acordo com os mestres do Zen, ele encontrou algo que não pode absolutamente ser expresso em palavras; uma experiência que cada homem deve passar por si mesmo; que não pode ser passado de uma pessoa para outra assim como você não pode comer a comida de outra pessoa por ela.

Zen, no entanto, como um culto específico, é principalmente um produto da mente chinesa. O budismo desenvolveu-se na Índia como um sistema altamente sutil e abstrato de filosofia, um culto do sublime espiritualidade perfeitamente adequado aos habitantes de um clima quente onde a vida é capaz de florescer com pouco trabalho. Os chineses e japoneses, por outro lado, têm um clima mais próximo do nosso e têm a mesma tendência ao pragmatismo dos povos do norte da Europa. Talvez o maior triunfo do budismo tenha sido a capacidade de se adaptar a uma mentalidade tão distante da indiana. Desse modo, o Zen já foi descrito como a revolta chinesa contra o budismo. Seria mais próximo da verdade chamá-lo de interpretação chinesa do budismo, embora o termo "revolta" certamente transmita o caráter feroz, quase iconoclástico do Zen – um culto que não tem paciência com nenhuma prática ou fórmula que não tenha relação imediata com a única coisa que importa: a Iluminação. Para entender essa revolta ou interpretação (ou melhor, "interpretação revolucionária"), alguns dos princípios fundamentais do budismo devem ser levados em conta.

O Buda, que viveu cerca de 600 anos a.c., ensinou que a vida, como a vivemos, é necessariamente desarmoniosa por causa da atitude egoísta e possessiva que adotamos em relação a ela. Em sânscrito, essa atitude é chamada *trishna* (muitas vezes mal traduzida como "desejo"), e embora não exista uma correspondência direta para ela em inglês, o termo pode ser entendido como o desejo de resistir à mudança, de "salvar nossa própria pele" a qualquer custo, de possuir aqueles que amamos; na verdade, agarrar a vida "pelos cabelos". E essa frase em particular tem sua moral. Se qualquer coisa que vive e se move é retida, ela morre como uma flor arrancada. O egoísmo é agarrar-se a si mesmo ferozmente; é construir para si mesmo uma fortaleza arrogante, recusando-se a participar do jogo da vida, recusando-se a aceitar as eternas leis da mudança de movimento às quais todos estão sujeitos. Mas essa recusa só pode ser ilusória. Quer queiramos ou não, a mudança vem, e quanto maior a resistência, maior a dor. O budismo percebe a beleza da mudança, pois a vida é como música nisto: se alguma nota ou frase se alongar mais do que seu tempo designado, a melodia é perdida. Assim, o budismo pode ser resumido em duas frases: "Deixe ir!" e "Continue andando!" Deixe de lado o anseio por si mesmo, pela permanência, por circunstâncias particulares, e siga em frente com o movimento da vida. O estado de espírito assim alcançado é chamado Nirvana. Mas este é um ensinamento com grande chance de ser mal compreendido, já que é tão fácil representar a doutrina do "deixar ir" como uma negação total da vida e do mundo, e o Nirvana como um estado infinitamente distanciado de todas as preocupações terrenas.

O Zen, no entanto, corrigiu esse erro da maneira mais surpreendente e única – tanto que uma grande parte dos ensinamentos Zen pode parecer, a princípio, mera bufonaria ou bobagem.

Um discípulo veio ao mestre zen Chao-chou e perguntou:

– Acabo de chegar a este mosteiro. Você se importaria de me dar alguma instrução, por favor?

O mestre respondeu:

– Você já tomou o seu café da manhã ou não?

– Sim, já tomei, senhor.

– Então, lave sua louça.

Conta-se que, como resultado desta observação, o discípulo foi subitamente iluminado quanto ao significado geral do Zen.

Em outra ocasião, um mestre estava prestes a palestrar para uma assembleia de estudantes quando um pássaro começou a cantar em uma árvore próxima. O mestre permaneceu em silêncio até que o pássaro tivesse terminado e, então, anunciando que sua palestra havia sido dada, foi embora.

Outro mestre colocou um jarro diante de dois de seus discípulos.

– Não chame isso de jarro – disse ele –, mas diga-me o que é.

Um deles respondeu:

– Não pode ser chamado de pedaço de madeira.

O mestre, no entanto, não ficou satisfeito com esta resposta, e se virou para o outro discípulo, que simplesmente derrubou o jarro e se afastou.

Esta ação teve a aprovação completa do mestre. É de se perguntar se tais historietas podem ter alguma mínima conexão com religião, ou mesmo com o senso comum de sanidade. Se elas são consideradas pelos expoentes do Zen tão cheias do mais profundo significado, e quando lembramos que o Zen tem sido, sem dúvida, uma das influências mais poderosas na formação da arte e da cultura do Extremo Oriente, tal comportamento tem o direito de ser respeitado. Teriam elas algum significado simbólico? Sobre o que são? A resposta é que não há significado simbólico e que são *sobre* nada. Mas são algo, e essa coisa é muito óbvia, mas muito ignorada – *a vida*. O mestre zen está, de fato, demonstrando a vida em sua realidade; sem palavras ou ideias, ele está ensinando seus discípulos a conhecer a vida diretamente. Às vezes, em resposta a uma questão religiosa, ele lhe dá um beijo no rosto, devolvendo realidade para uma abstração. Se ele desse uma resposta racional, o discípulo seria capaz de analisá-la, submetê-la à dissecação intelectual e imaginar uma mera fórmula sem vida como uma verdade viva. Mas com um beijo, um pássaro, um jarro, uma pilha de louça não pode haver erro. O beijo está aqui num momento e no seguinte não está mais. Não há nada que você possa agarrar, nada mais do que um fato intensamente vivo, tão vivo quanto o momento passageiro que jamais pode ser obrigado a permanecer. E um pássaro é um pássaro; você ouve sua música, mas você não pode capturar as notas para fazê-las continuar.

Simplesmente é, e se foi, e você sente a beleza de sua música precisamente porque as notas não esperam que você as analise. Portanto, o mestre zen não está tentando dar-lhe ideias sobre a vida; ele está tentando dar-lhe a própria vida, para fazer você perceber a vida em torno de você, para fazê-lo viver em vez de ser um mero espectador, um mero pedante absorto nos ossos secos de algo que a vida há muito abandonou. Uma sinfonia não é explicada por uma análise matemática de suas notas; o mistério da beleza de uma mulher não é revelado por uma autópsia; e ninguém jamais compreendeu a maravilha de um pássaro voando empalhando-o e colocando-o sob uma redoma de vidro. Para entender essas coisas, você deve viver e se mover com elas enquanto estão vivas. O mesmo vale para o universo: nenhuma análise intelectual o explicará, pois a filosofia e a ciência só podem revelar seu mecanismo, nunca seu significado ou, como dizem os chineses, seu Tao.

– O que é o Tao?

Um mestre zen responde:

– A vida habitual é o próprio Tao.

– Como alguém se harmoniza com ele?

– Se você tentar se harmonizar com o Tao, irá se afastar dele.

Pois imaginar que há um "você" separado da vida que de alguma forma tem que se harmonizar com a vida é cair direto na armadilha. Se você tentar encontrar o Tao, estará imediatamente pressupondo uma diferença entre você e o Tao. Portanto, os mestres zen não dizem nada sobre os meios para se tornar Iluminado, para entender o Tao. Eles simplesmente se concentram no próprio Tao. Quando você está lendo um livro, você destrói completamente o seu propósito se pensar em si mesmo tentando se concentrar nele; em vez de pensar sobre o que está escrito, sua atenção é absorvida em seus esforços para se concentrar. O segredo é pensar no livro e esquecer-se de si. Mas isso não é tudo. O livro é de pouca utilidade se você for para o outro extremo e simplesmente deixar que ele "sobrepuje você". Pelo contrário, você deve contribuir com sua própria compreensão e inteligência e, então, através da união de seus próprios pensamentos e os pensamentos contidos no livro, algo novo nasce. Esta união é o que importa; você deve simplesmente fazê-la, e não desperdiçar energia pensando em fazê-la. O mesmo é verdade no Zen. O Zen não pede que nos submetamos à vida de tal forma que o mundo nos domine e nos apague. Há alguns que nunca vivem, que estão sempre tendo pensamentos e sentimentos sobre a vida; outros são arrastados pelas marés das circunstâncias, tão oprimidos pelos acontecimentos que não têm nada próprio.

O budismo, no entanto, é o Caminho do Meio, e isso não é uma concessão, mas uma união entre opostos para produzir um "terceiro superior"; assim como o homem e a mulher se unem para gerar um filho. O mesmo processo é encontrado em quase todas as religiões; em algumas, profundamente oculto, em outras, claramente revelado. No cristianismo, o homem deve renascer da água e do espírito, símbolos de substância e energia, vida concreta e mente humana. Assim, a oração para Cristo "nascer em nós" é a esperança da mesma Iluminação que encontramos no budismo, e a história do nascimento de Cristo é a sua alegoria. Pois o Espírito Santo é espírito, e Maria (da palavra latina *mare* – mar, água) é o mundo, chamado de *maya* em sânscrito. E a mãe do Buda também se chamava Maya, e ele também foi supostamente concebido milagrosamente. Assim, a percepção do Cristo interior, do Buda interior, do Tao interior ou do Krishna interior é, em cada caso, o resultado de um processo que o Zen nos apresenta desta forma única e quase surpreendente. É a compreensão daquele Um que está por trás dos Muitos; a união dos opostos, do sujeito e do objeto, do ego e do universo, para criar o Divino Filho.

E, no entanto, devemos tomar cuidado com essa definição, com esse resumo conveniente do esforço religioso. Torna-se tão facilmente um simples bordão, uma verdade tão resumida que deixa de ter a mínima utilidade. Em sua prisão, ela murcha e morre. Em vista disso, o Zen chega neste estágio com uma pergunta muito inconveniente: "Quando os Muitos são reduzidos a Um, a que o Um se reduz?" Somente quem sabe o que é isso compreende o Zen. Seria inútil tentar explicar mais, pois fazê-lo seria contrariar o próprio propósito do Zen, que é fazer com que todos descubram por si mesmos. É como uma história de detetive com o último capítulo faltando; permanece um mistério, uma coisa como um raio de luz que pode ser visto e usado, mas nunca capturado – amado, mas nunca possuído. E com isso podemos saber que o Zen é a vida.

# O Um

As doutrinas da religião são símbolos usados por santos e sábios para descrever experiências espirituais, assim como homens comuns usam palavras para descrever experiências mentais e físicas. Os estudantes de religião reconhecem dois tipos de experiência espiritual, dos quais o primeiro se parece com o que chamamos de estado mental, como felicidade, amor ou medo; e o segundo, uma experiência de algo fora de nós mesmos, como quando vemos estrelas, árvores ou colinas. Na linguagem da religião, o primeiro tipo de experiência pode ser chamado de sensação de liberdade, salvação ou libertação, e o segundo, uma visão beatífica. As doutrinas da religião têm sua origem nas tentativas de transmitir essas experiências a outros, reverenciando um estado de espírito dentro de uma ideia sobre o universo ou registrando uma visão como a base de um artigo de fé. As visões são um pouco mais espetaculares e sensacionais do que os estados mentais e, por terem forma, cor e movimento, são mais fáceis de descrever. Assim, elas são comuns em todas as religiões, mas não carregam consigo necessariamente a sensação de liberdade, salvação ou libertação que é a mais profunda, a mais satisfatória e a mais duradoura das experiências religiosas. Há poucos que não prefeririam ter esse senso do que mil visões.

Muitas tentativas foram feitas para descrever o sentimento de salvação que os budistas chamam de Nirvana e os hindus chamam de *Moksha*. Se essas descrições estão na forma de doutrinas, notamos que entre essas doutrinas existe uma grande variedade de diferenças pelas quais os estudantes de religião são frequentemente enganados.

Se as doutrinas do cristianismo são diferentes das do hinduísmo, não significa necessariamente que as religiões sejam diferentes, pois mais de uma doutrina pode descrever um único estado de espírito, e sem esse estado de espírito a religião, como uma mera coleção de doutrinas, não tem qualquer significado; é como se fosse um balbucio de palavras ininteligíveis. Mas as doutrinas diferem porque as pessoas têm diferentes origens e tradições mentais; um inglês e um chinês podem ter o mesmo sentimento, mas falarão disso de maneiras diferentes, porque o relacionam com diferentes contextos mentais. Portanto, é muito insensato estudar a religião do ponto de vista da doutrina *enquanto* doutrina, pois isso é a mais pura superficialidade. Doutrinas e ideias conceituais variam conforme os idiomas, mas o mesmo significado pode ser transmitido tanto pelo inglês quanto pelo francês. Os cristãos acreditam em um Deus pessoal e os budistas não, mas no que diz respeito aos verdadeiros fundamentos da religião, essa diferença é tão superficial quanto o fato de que em francês todo substantivo tem um gênero, enquanto o mesmo não ocorre no inglês.

Portanto, para extrair o verdadeiro significado de uma doutrina religiosa, devemos perguntar: "O que essa doutrina significa em termos de um estado mental? Que tipo de sentimento em relação à vida e ao universo teria levado um homem a pensar dessa maneira?" Porque a experiência religiosa é como a experiência da beleza; na verdade, é algo semelhante a sentir beleza em toda a vida, em vez de em uma única figura, cena, imagem ou melodia. Beethoven e Stravinsky podem despertar o senso de beleza, e são tão diferentes em suas próprias particularidades quanto o cristianismo e o budismo. O importante, porém, é que eles despertam esse senso; podemos discutir e argumentar sobre seus respectivos "méritos" até que todos percam o fôlego sem chegar a nenhuma conclusão. Seria mais proveitoso, no entanto, se pudéssemos pegar alguém que sente beleza em Beethoven e alguém que sente beleza em Stravinsky, e depois considerar os vários graus de profundidade em seus respectivos sentimentos. Mas aqui estaríamos lidando com fatores tão intangíveis e imponderáveis que os métodos comuns de crítica e discussão seriam inúteis, e só poderíamos julgar pela intuição. O mesmo princípio se aplica na religião, só que o senso de beleza na arte ou música é aqui o senso de salvação. Com isto não quero dizer liberdade de consciência moral nem mesmo a certeza de uma vida eterna de bem-aventurança após a morte, embora tais coisas possam ser alcançadas por inúmeros sistemas religiosos diferentes. Essas formas elementares de "salvação" estão para as formas mais profundas assim como a mera emoção sensual está para a percepção da beleza.

O que, então, é um sentimento verdadeiramente profundo de salvação? Dado que essa questão possa mesmo ser respondida, talvez seja melhor considerar uma das maiores doutrinas em todas as religiões em termos de um estado de espírito. Para este propósito, a melhor escolha é provavelmente a concepção Hindu ou Vedanta de Brâman, porque esta é ao mesmo tempo a mais simples e a mais sutil das doutrinas – sutil justamente por ser tão simples. A mesma doutrina é encontrada em outros sistemas, mas o Vedanta fornece a melhor expressão filosófica. É que todas as coisas possíveis, eventos, pensamentos e qualidades são aspectos de uma única Realidade que às vezes é chamada o Eu do universo. Em si mesmos, esses muitos aspectos não têm realidade; eles são reais apenas no que cada um deles é uma manifestação de Brâman ou do Eu. Em outras palavras, o verdadeiro eu de qualquer coisa é Brâman e não algo que pertence exclusivamente à coisa em questão. Cada indivíduo é, portanto, um aspecto de Brâman, e não há dois aspectos iguais. Mas o eu do homem é muito mais do que ele considera ser seu ego, sua personalidade chamada John Smith ou William Jones. O ego é um recurso ou artifício (*maya*) empregado para que Brâman possa se manifestar, e o eu mais profundo do homem é, portanto, idêntico ao Eu de todas as coisas. Assim, se alguém quer saber o que Brâman é, só tem que olhar em volta, pensar, agir, estar consciente, viver, pois tudo o que é percebido pelos sentidos, pensado na mente ou sentido no coração é Brâman. Em outros sistemas de pensamento, Brâman tem muitos outros nomes – "Tao" em chinês, e os místicos de todo o mundo encontram significados semelhantes nas palavras "Deus", "Alá", "Vida Infinita", "elã vital", "o Absoluto", ou qualquer outro termo usado. De fato, a intuição da Realidade Una é a essência de toda religião mística, mas poucas pessoas entendem claramente o que é sentir essa intuição dentro de si. Talvez estejamos mais aptos a pensar nessa ideia apenas como uma especulação metafísica, uma teoria mais ou menos razoável sobre a estrutura fundamental da vida. Algum dia, pensamos, talvez seja possível mergulharmos nos mais profundos recessos de nossas almas, colocar as mãos nessa misteriosa essência universal e nos valer de seus tremendos poderes. Tal abordagem, no entanto, não parece ser o caminho certo para isso. Por um lado, isso não é para ser encontrado apenas "nos mais profundos recessos de nossas almas" e, por outro, a palavra "essência" faz soar como se fosse algo altamente refinado, um tanto gasoso ou elétrico, uma potência totalmente sem forma que de algum modo habita "dentro" das coisas. Mas em relação a Brâman não há nem interior nem exterior; às vezes, Brâman é chamado de princípio de "não dualidade" porque nada mais existe além dele e nada é excluído dele. É, pois, encontrado tanto na superfície como nas profundezas, tanto no finito quanto no infinito, pois sabiamente foi dito que "não há nada infinito afora as coisas finitas". Assim sendo, não pode ser perdido nem encontrado, e você não pode se aproveitar de seus poderes tanto quanto não pode distribuí-los, pois todas essas concepções de ter e não ter, de ganho e perda, finito e infinito pertencem ao princípio da dualidade. Todo dualismo é exclusivo; é isso e não aquilo, aquilo e não isso. Mas Brâman como Realidade Una abrange tudo, pois os Upanishads dizem:

É feito de consciência e mente: é feito de vida e visão. É feito da terra e das águas: é feito de ar e espaço. É feito de luz e escuridão: é feito de desejo e paz. É feito de raiva e amor: é feito de virtude e vício. É feito de tudo o que está perto: é feito de tudo o que está longe. É feito de tudo[8].

O que, então, é a não dualidade em termos de estado mental? Como o místico que percebeu sua identidade com a Realidade Una pensa e sente? Sua consciência se expande para fora de seu corpo e entra em todas as outras coisas, de modo que ele vê com os olhos dos outros e pensa com os cérebros dos outros? Apenas figurativamente, pois o Eu que está nele e em todos os outros não comunica necessariamente ao cérebro físico de John Smith, místico, o que é visto pelos olhos de Pei-wang, operário da construção civil, do outro lado do mundo. Eu não acredito que a iluminação espiritual deva ser entendida de uma forma tão mirabolante. Nós responderemos à questão suficientemente se pudermos descobrir o que é um estado mental não dualista. Significa uma mente em um estado de concentração tão intenso que contém apenas um pensamento? Estritamente falando, a mente nunca contém mais do que um pensamento de cada vez; tal é a natureza do pensamento. Mas se espiritualidade significa pensar apenas e sempre em uma determinada coisa, então, outras coisas são excluídas e isso ainda é dualidade. Significa, então, uma mente que está pensando em tudo de uma vez? Mesmo que isso fosse possível, excluiria a conveniente faculdade de pensar em uma coisa de cada vez e ainda seria dualista. Obviamente, estas duas interpretações são absurdas, mas há outro modo de abordagem.

A iluminação espiritual é frequentemente descrita como a liberdade absoluta da alma, e vimos que a Realidade Una é abrangente. A mente do místico é singularmente livre e abrangente? Se assim for, parece que

---

8 MASCARÓ, J. (trad.). *Himalayas of the Soul* – Traduções dos principais Upanishads. Londres, 1938, p. 89.

sua espiritualidade não depende de meditar em nenhum tipo especial de pensamento, em ter sempre um sentimento particular no fundo de sua alma. Ele é livre para pensar em qualquer coisa e em nada, amar e temer, ser alegre ou triste, fixar sua mente na filosofia ou nas preocupações triviais do mundo; ele é livre para ser tanto um sábio quanto um tolo, para sentir tanto compaixão quanto raiva, para experimentar tanto a bem-aventurança quanto a agonia.

E em tudo isso ele nunca quebra sua identidade com a Realidade Una – Deus, "a quem se serve com a perfeita liberdade". Pois sabe que em qualquer direção que vá e em qualquer desses muitos opostos com que esteja envolvido, ele ainda está em perfeita harmonia com o Um que inclui todas as direções e todos os opostos. Nesse sentido, servir a Deus é apenas viver; não é uma questão de como você vive, porque todos os caminhos estão incluídos em Deus. Entender isso é acordar para a sua liberdade de estar vivo.

Mas isso é *tudo*? É possível que a espiritualidade possa ser algo tão absurdamente simples? Parece significar que, para alcançar a espiritualidade, você tem apenas que continuar vivendo como sempre viveu; toda a vida sendo Deus, qualquer tipo de vida é espiritual. Sobre essa ideia você diria que, se não fosse tão ridícula, seria extremamente perigosa. Primeiro, podemos nos lembrar de um provérbio do sábio chinês Lao-tzu:

> Quando o sábio ouve o Tao, ele o coloca em prática... Quando o tolo ouve isso, ele ri;
> Na verdade, não seria digno de ser chamado de Tao se ele não risse disso.

A ideia de que qualquer tipo de vida é espiritual é um golpe terrível para o orgulho do homem; do ponto de vista espiritual, ela nos coloca no mesmo nível das pedras, legumes, vermes e besouros; torna o homem justo não mais próximo da salvação do que o criminoso, e o sábio não mais próximo do que o lunático. Assim, se tudo mais sobre a ideia é bobagem, é pelo menos um poderoso antídoto para o orgulho espiritual e autorrecompensa por bom comportamento; de fato, não é algo que você possa obter, por mais que seus esforços sejam ferozes, por maior que seja seu aprendizado e por mais incansável que seja sua virtude. No mundo espiritual não há melhores e piores alunos; aqui todos os homens e todas as coisas são iguais e tudo o que eles fazem não os pode fazer subir nem descer. A única diferença entre o sábio ou místico e o homem comum e não iluminado é que um percebe sua identidade com Deus ou Brâman, enquanto o outro não. Mas a falta de percepção não altera o fato.

Como, então, alguém alcança essa percepção? É apenas uma questão de o indivíduo continuar vivendo como sempre viveu antes, sabendo que é livre para fazer exatamente o que gosta? Cuidado com a falsa liberdade de fazer o que quiser; para ser realmente livre, você também deve ser livre para fazer o que não gosta, pois se você é livre para fazer o que quiser, você ainda está preso ao dualismo, sendo preso por seus próprios caprichos. Uma forma melhor de alcançar a percepção é deixar-se ser livre para ser ignorante, pois os tolos também são um com Deus. Se você se esforça para alcançar a percepção e tentar se fazer Deus, você simplesmente se torna um intenso egoísta. Mas se você se permitir liberdade para ser você mesmo, descobrirá que Deus não é o que você tem que *se tornar*, mas o que você *é* – a despeito de você mesmo. Pois já não cansamos de ouvir que Deus é sempre encontrado em lugares humildes?

"O Tao", disse Lao-tzu, "é como a água; busca o nível mais baixo, que os homens abominam". E enquanto estamos ocupados tentando acrescentar cúbitos à nossa estatura para que possamos alcançar o céu, esquecemos que não estamos chegando nem mais perto e nem mais longe. Pois "o Reino dos Céus está dentro de você".

# Existe um inconsciente?

Quando dizemos que a principal contribuição da psicologia moderna para o conhecimento humano é o conceito da mente inconsciente, temos que ter cuidado com nossos termos. Pois a ideia do inconsciente não é admitida, de forma alguma, pela totalidade da psicologia moderna, e mesmo aquelas escolas que a adotam têm visões um tanto diferentes sobre o assunto. O conceito está associado principalmente aos nomes de Freud, Jung e Adler, mas não existe um nome que cubra suas três escolas. O sistema de Freud é psicanálise; o de Jung é psicologia analítica; o de Adler é psicologia individual. Não há nenhuma razão real, no entanto, para que não devessem ser chamados todos de psicanálise, porque se, como frequentemente é feito, agrupamos tais sistemas sob o nome de "psicologia moderna", nós os colocamos junto com sistemas tão importantes como a psicologia gestáltica, da qual o conceito do inconsciente não faz parte. Popularmente, acredita-se que a psicanálise ensina que o homem tem uma mente inconsciente; isso não é estritamente verdadeiro, pois o inconsciente não deve ser entendido como uma entidade ou organismo mental com localização e identidade definidas. Não existe uma divisão real entre o inconsciente e o restante do organismo humano, pois ele guarda, de certa forma, a mesma relação com a mente que as glândulas, o fígado, os rins etc. têm para com o corpo: são partes integrantes do corpo, mas nós normalmente não estamos conscientes deles. A única diferença é que o inconsciente não tem limites específicos. Consiste, antes, na *condição* de desconhecer certos desejos, impulsos, tendências, reações e fantasias em nossa constituição mental e emocional. Tem o seu paralelo físico na condição de não termos consciência de vários órgãos e processos corporais.

Parece, no entanto, haver pouca ou nenhuma menção ao inconsciente na filosofia religiosa, mística e oculta do mundo. Na verdade, para muitos estudantes dessas questões, a ideia é desagradável, e Freud, o pai da psicanálise, nunca foi perdoado por considerar a religião como uma neurose. De fato, a maioria das pessoas religiosas, seja de tendência ortodoxa ou heterodoxa, considera a psicanálise em todas as suas formas como uma ciência emergente cujo objetivo declarado é "ridicularizar" todos os nobres impulsos da humanidade, atribuindo-os à sexualidade reprimida. Muito do desprezo com que a psicanálise é percebida é bem merecido, mas isso não deve nos cegar para aspectos de real valor misturados ao rebotalho. O problema dessa nova ciência não é tanto a psicanálise quanto os próprios psicanalistas. Podemos mencionar o professor encarregado de uma certa clínica bem conhecida que dedica sua vida ao estudo de testes de manchas de tinta. Fazem com que o paciente despeje tinta em uma folha de papel e, de repente, perguntam-lhe o que acha que o borrão parece. Bastante perplexo e bem-humorado, o paciente geralmente sorri e diz algo como: "Oh, pode ser um elefante com verrugas", e é quando o professor assume uma expressão distante e murmura: "Muito significativo. *Muitíssimo* interessante. Um elefante, sim. Com verrugas. Extremamente interessante".

Este caso não é incomum, pois as esquisitices dos psicanalistas e psiquiatras dá pano para mangas. Ouvi dizer que doutores totalmente qualificados discutiram o caso de um menino cuja propensão a molhar a cama devia-se, sem dúvida, à sua identificação inconsciente de si mesmo com Júpiter Pluvius. Ainda mais significativas são as reuniões de médicos e pacientes em cursos de verão, onde as pessoas pegam você pela mão, olham nos seus olhos e perguntam se você é extrovertido ou introvertido. Com efeito, tais formas de psicologia adquiriram rapidamente todos os sintomas das religiões excêntricas. Mas assim como há idiotas e charlatões, bem como verdadeiros estudantes em misticismo e ocultismo, a psicologia também tem seus altos e baixos, tanto em relação às suas ideias quanto aos seus praticantes. Há também os mesmos conflitos internos, o mesmo fanatismo, o mesmo dogmatismo, a mesma idolatria pessoal, mas dificilmente se poderia esperar o contrário e o mútuo desprezo da religião e da psicologia é apenas "o roto falando do esfarrapado".

Apesar de tudo, entretanto, a psicanálise tem uma contribuição indubitável e valiosa para os estudantes de religião *de nosso tempo*. Eu digo "de nosso tempo" porque a psicanálise é essencialmente um remédio moderno para um mal moderno; existe para aquele período da história humana no qual o inconsciente é um problema, e tem sido um problema desde que o homem começou a imaginar que todas as suas dificuldades de alma e circunstância poderiam ser resolvidas única e exclusivamente pelo poder da razão humana. Os antigos caminhos do misticismo e do ocultismo resolveram o problema do inconsciente desde o começo, mesmo antes de ele se tornar um problema, pois o primeiro requisito era que o homem *conhecesse a si mesmo*. Por meio do que ele rapidamente descobriu que as enormes e brutais forças da natureza tinham suas contrapartes em sua alma, que seu ser não era uma unidade simples, mas um panteão de deuses e demônios. De fato, todas as divindades das antigas teologias eram conhecidas pelos iniciados como os habitantes não do Olimpo, mas da alma humana. Não eram meros produtos da imaginação do homem, da mesma forma que seu coração, pulmões e estômago não são produtos de sua imaginação. Pelo contrário, eram forças muito reais, pertencentes tanto à natureza (o macrocosmo) quanto ao homem (o microcosmo). O ocultismo era, portanto, a arte de viver com seus deuses e demônios, e o indivíduo tinha que saber como lidar com eles em si mesmo antes que pudesse lidar com eles no universo. Os antigos entendiam as leis que o homem deveria seguir para viver com eles, como por meio do amor os deuses se tornariam seus amigos e os demônios seus servos. Em todo rito de iniciação era necessário passar pelo vale da sombra onde o neófito se defronta com o Guardião do Umbral e todos os poderes mais terríveis da psique. Mas o rito só poderia ser bem-sucedido se ele os enfrentasse com amor, reconhecendo-os como manifestações da mesma Divindade que era seu próprio Eu verdadeiro. Por esse amor ele quebrava o feitiço e se tornava um verdadeiro iniciado.

Mas o homem tornou-se excessivamente racional e esqueceu os deuses e os demônios, relegando-os ao reino das superstições desgastadas. Ele procurou por eles nos céus e encontrou apenas espaços infinitos, rochas mortas e orbes de gás ardente. Ele procurou por eles no trovão e no vento e encontrou apenas forças ininteligentes da atmosfera. Procurou por eles em bosques e cavernas e encontrou apenas animais que corriam, galhos rangendo, sombras e correntes de ar. Ele pensou que os deuses estavam mortos, mas na verdade eles se tornaram muito mais vivos e perigosos porque eram capazes de trabalhar sem serem reconhecidos. Pois, enquanto os antigos ocultistas partiam do princípio *"conheça a si mesmo"*, os racionalistas partiam do *"domine a si mesmo"*. Escolheram o que consideraram um padrão razoável de caráter e se esforçaram para impô-lo em suas vidas sem qualquer exploração preliminar. Esqueceram que é impossível para o homem se comportar como um sábio a menos que antes tenha chegado a um acordo com seu panteão interno; como resultado, ele só conseguiu uma imitação pobre do comportamento do sábio porque não havia feito o trabalho necessário. Por essa razão, a mente racionalista e puritana é uma camada de verniz por cima de um monte de lixo, uma tentativa de copiar a grandeza usando sua roupagem.

Mas quando os psicólogos começaram a ter a ideia do inconsciente, isso foi simplesmente a desajeitada redescoberta pelo homem dos deuses e demônios perdidos. Ocultistas naturalmente experientes tanto do Oriente quanto do Ocidente estavam inclinados a sorrir, pois para eles essa nova força chamada inconsciente nunca existira como tal. E quando as pessoas começaram a falar sobre o inconsciente como se fosse apenas um repositório de sexualidade reprimida, os ocultistas riram abertamente, sabendo que ele continha divindades muito mais poderosas do que a libido, que era apenas um diabinho dançando na superfície. Deve ter parecido mais engraçado ainda ouvir o inconsciente ser discutido como se fosse uma espécie de indivíduo com desígnios secretos e sombrios e um hábito infeliz de querer e pensar em oposição direta ao consciente. Pois o inconsciente não é um indivíduo; é simplesmente aquilo sobre si mesmo que o homem não conhece. Como tal, é um termo puramente relativo, porque algumas pessoas sabem mais sobre si mesmas do que outras. Simbolicamente, pode ser representado como um indivíduo, pois nos sonhos o aspecto desconhecido do homem se apresenta como mulher e vice-versa com as mulheres. Mas, na verdade, quando se diz que o inconsciente faz isto ou aquilo, significa que certos aspectos particulares do seu universo interior estão em movimento sem o seu conhecimento consciente.

O conceito de inconsciente é, no entanto, importante para os estudantes modernos de religião e ocultismo, na medida em que é um lembrete dos deuses esquecidos e do lugar onde eles devem ser encontrados. Muitos supostos místicos e ocultistas tentam seguir a técnica racionalista de impor uma disciplina sobre si mesmos sem primeiro entender a natureza da coisa a ser disciplinada. Você tem que chegar a um acordo com os deuses antes de poder ignorá-los, e aqueles que saltam diretamente das formas comuns de viver para as complexas disciplinas do ocultismo estão procurando encrenca. Pois até que esses acordos tenham sido feitos, os deuses nos governam, embora tenhamos uma maneira de nos persuadirmos de que seus ditames, muitas vezes irracionais, são nossa própria escolha, livre e ponderada. Assim, a imitação do sábio é muitas vezes um mecanismo engendrado pelos demônios para nossa própria destruição, pois o homem moderno simplesmente não percebe que, até que tenha passado pelo vale da sombra, sua vida não é dele. Até ele olhar dentro de si, procurar seu panteão oculto e dominá-lo por meio do amor (ou o que os psicólogos chamam de "aceitação"), ele continua sendo sua ferramenta inconsciente.

Em todas as filosofias antigas – yoga, budismo, mistérios gregos, mistérios egípcios – essa exploração do eu desconhecido era o primeiro passo essencial, e agora a mesma coisa é tentada pelo psicanalista, usando uma técnica e uma terminologia diferentes. Que haja falhas e erros é de se esperar, pois aqui estão os homens tentando resolver a ciência divina sozinhos, recorrendo pouco à experiência dos séculos, embora haja algumas exceções notáveis. E embora os estudantes de religião possam ficar ofendidos quando a religião é atribuída à sexualidade reprimida, devem ser lembrados que em muitos casos isso pode realmente ser verdade e que os psicólogos tiveram insuficientes oportunidades de estudar esse fenômeno comparativamente raro, o místico ou ocultista genuíno. Pois o que tal pessoa desejaria com a psicanálise? A advertência para o iniciante, no entanto, ainda permanece, porque a menos que você realmente se conheça, como pode dizer que suas aspirações aparentemente nobres são o que parecem ser? Os pensamentos são frequentemente lobos com pele de cordeiro.

Então, o primeiro passo no caminho é uma visita a um psicanalista? Infelizmente, a questão não é tão fácil. Se você puder encontrar um analista *competente*, talvez, mas a profissão de analista atrai muitos que precisam de seu próprio remédio mais do que qualquer um de seus pacientes. A razão disso é que a psicanálise ainda não teve suficiente profundidade de experiência para julgar seus próprios resultados, para instituir uma hierarquia de "iniciados" em quem se pode confiar para dizer quem é ou não apto a assumir a profissão. Há outra alternativa, embora o analista profissional geralmente considere isso horroroso: analisar a si mesmo.

Para tal, é necessário cuidado e um par de pés firmemente plantados no chão, mas se for dada a devida atenção às regras, isso pode ser feito. Você pode seguir as antigas técnicas de meditação e, em geral, estará mais seguro em suas próprias mãos do que nas de um analista. É claro que é arriscado, mas hoje em dia tantas pessoas esperam um caminho "seguro" para a sabedoria, desconhecendo que o caminho para a sabedoria é, no entanto, muito menos "seguro" do que o caminho para se ganhar uma fortuna; é talvez a coisa mais arriscada e mais valiosa do mundo, mas você não deve começar a trilhá-lo a menos que esteja disposto a arregaçar as mangas e dar muito duro.

# AQUELE DISTANTE EVENTO DIVINO

O QUE É AQUILO QUE TENNYSON DESCREVEU COMO AQUE-LE "distante evento divino para o qual toda a criação se move"? Na filosofia mística e ocultista, é o retorno de todas as coisas individuais à fonte divina da qual elas originalmente vieram – um evento que a cosmologia hindu coloca no final de um estupendo período de tempo chamado *mahamanvantara*, ou uma "grande manifestação" de Brâman. Pois, de acordo com os ensinamentos hindus e teosóficos, a atividade universal é uma sucessão dos dias e das noites de Brâman, as expirações e inspirações da Realidade Una da Vida, cujo nome é derivado do sânscrito *"brih-"*, do qual a palavra da língua inglesa para respiração, *"breath"*, também descende. A ciência moderna já começou a pensar no tempo de maneira semelhante aos antigos hindus, pois eles mediam esses dias e noites de Brâman por grupos de kalpas, tendo um kalpa a duração de meros 4.320.000.000 anos. Ora, se estas coisas são verdadeiras, o homem ou a mulher comum deve aceitá-las na base da fé; e porque é difícil, se não impossível, para as pessoas comuns testarem sua veracidade, e porque os períodos de tempo envolvidos ultrapassam a imaginação, é de se perguntar se tais ideias possuem remotamente algum valor prático. Pois os eventos dos quais estamos falando são certamente divinos e indubitavelmente distantes, e pode parecer que os antigos hindus estavam se entregando a especulações ociosas por falta de algo melhor para fazer.

Para nós, a dificuldade dessa concepção hindu do "distante evento divino", quando todas as coisas voltarão a ser uma com Brâman, é que, tomada pelo seu valor aparente, faz a alma se desesperar. Pois não apenas um período de tempo tão aterrador separa o agora e o repouso final do universo na Divina Felicidade, como também a doutrina prossegue afirmando que eventualmente o universo retornará novamente a se manifestar, e outra vez e mais outra, numa repetição de todo o processo *ad infinitum*. É importante lembrar, no entanto, que os antigos mestres dessas doutrinas frequentemente descreviam processos cosmológicos em termos de tempo simplesmente por uma questão didática, enquanto deveriam ser entendidos em termos de eternidade. Nesse sentido, a eternidade não é apenas o tempo eterno; a eternidade está além do tempo; é *agora*. Os dias e as noites de Brâman estão espalhados no tempo da mesma forma que uma bola de linha de uma polegada de diâmetro é desenrolada num comprimento de cem jardas. Seu estado real lembra a bola, mas, para ser apresentado à mente humana, precisa ser desenrolado. Pois nossa ideia de tempo é espacial; tem comprimento, que é uma dimensão espacial. Mas a eternidade não tem duração, e a coisa mais próxima disso em nossa experiência é o que chamamos de momento presente. Não pode ser medido, mas está sempre aqui.

O valor dessa ideia hindu se torna aparente quando pensamos nisso dessa maneira. Pois significa que o "distante evento divino" não está apenas a milhões de anos no futuro: é agora. Neste momento, o universo é manifestado como uma coleção de coisas individuais separadas e, ao mesmo tempo, cada uma dessas coisas mantém absoluta unidade e identidade com sua fonte divina. O objetivo do hinduísmo e da quase totalidade das religiões asiáticas é despertar no homem a compreensão dessa unidade e identidade. No hinduísmo, essa compreensão é chamada *moksha* ou *kaivalya* e, no budismo, Nirvana, e é surpreendente como raramente o Ocidente alcança qualquer compreensão real do que essa condição do espírito envolve. A velha ideia do século XIX de que o nirvana significava simplesmente o esquecimento é agora em geral desacreditada, mas algumas das concepções que tomaram o seu lugar são quase tão fantásticas quanto. Há que se ter certa tolerância para com tal mal-entendido, pois, assim como no Ocidente existem concepções maduras e imaturas do cristianismo, da mesma forma, no Oriente, há concepções maduras e imaturas do hinduísmo e do budismo. Na verdade, até mesmo algumas das escrituras canônicas do Oriente são tão carregadas com comentários interpolados dos escribas quanto a Bíblia, ainda mais nas escrituras budistas.

Portanto, é bastante comum encontrar moksha ou nirvana descrito como um tipo de condição de transe em que todo o sentido das formas e objetos separados do universo desaparece, para ser substituído por um estado de "consciência infinita" no qual o indivíduo fica absorto mesmo que seu corpo físico possa continuar a viver. Se por acaso ele sai dessa condição de transe, ela permanece para sempre no fundo de sua mente; as coisas ao seu redor parecem as sombras insubstanciais de um sonho, porque:

> A vida, como uma cúpula de vidro multicolorido, tinge o brilho branco da eternidade até que a morte a reduza a fragmentos...

Na morte, ele funde sua individualidade eternamente na infinitude, a menos que deseje retornar novamente à terra a fim de ensinar o *dharma* (a Lei) aos homens. Mas um dos principais erros das interpretações ocidentais do pensamento asiático é equiparar Brâman ao infinito e a percepção de sua identidade com Brâman como uma mudança da consciência finita para a infinita. É bom lembrar as palavras pertinentes do Isa Upanishad:

> Na escuridão estão aqueles que adoram apenas o mundo, mas na maior escuridão estão aqueles que adoram apenas o infinito. Pelo conhecimento do primeiro, somos salvos da morte e, pelo conhecimento do último, somos preservados para a imortalidade.

A mais alta filosofia hindu leva o nome *advaita*, que é o princípio da "não dualidade", significando que Brâman é aquilo ao qual nada pode se opor como o longo se opõe a curto, claro a escuro, prazer a dor, positivo a negativo e infinito a finito. Este também é um princípio cardinal do budismo Mahayana, do qual fica claro que nem no hinduísmo nem no budismo se pode dizer que a mais alta realização espiritual é a fusão em qualquer tipo de infinitude.

O homem percebe sua identidade com Brâman. Em outras palavras, não se pode dizer que o Nirvana é infinito e não finito, ou vice-versa, ou mesmo que seja uma consciência da unidade e não da diversidade. Eis aqui novamente uma concepção asiática que é pouco compreendida no Ocidente, pois muitas vezes se pensa que a Suprema Realidade Universal do hinduísmo e do budismo tem a qualidade da unidade como distinta da diversidade e que a percepção é o conhecimento de que as formas e objetos do universo são de fato um, mesmo que pareçam ser muitos. Sua aparente diversidade é dita ser uma ilusão (maya) que o sábio vai superar. Mas esta Realidade não é exatamente una no sentido que damos à palavra; para usar uma expressão vedântica, a Realidade é "um-sem-um-segundo". Normalmente, a ideia de *um* sugere imediatamente a ideia de muitos ou de *nenhum*, pois no momento em que você tem o conceito de nada, você também tem o conceito de algo, enquanto da mesma forma não poderíamos ter a ideia de muitas coisas sem uma única coisa. A razão para isto é que a ideia de unidade pertence aos numerosos "pares de opostos" (*dvandva*) dos quais a vida é composta, pois um sugere muitos, da mesma forma que longo sugere curto; os dois conceitos são mutuamente essenciais e um só pode ser conhecido por meio do outro. Mas o Brâman ou a Realidade está além dos opostos, sendo aquilo que não requer distinção para sua existência. Porque Brâman *é* todas as coisas, este mundo que vemos ao nosso redor, juntamente com a nossa consciência e os pensamentos em nossa mente e os sentimentos em nosso coração. Para ver Brâman, temos apenas que olhar com os nossos olhos, pois Brâman não é nada além do que estamos vendo neste momento. "E daí?", você pergunta. No momento estou vendo um livro. Isso por acaso é empolgante? Eu deveria me sentir edificado e espiritualmente iluminado apenas porque este livro é Brâman? Não vejo nada de divino e poderoso nesse monte de papel e tinta de impressão.

Em vista disso, também será perguntado qual é a diferença entre um sábio e um homem ignorante comum. Estamos acostumados a acreditar que um sábio ou místico é aquele que contempla Deus ou Brâman em todas as coisas; mas se Brâman é todas as coisas, certamente um homem comum ao vê-las não está fazendo a mesma coisa que o sábio? Isso é perfeitamente verdadeiro, mas a diferença entre o sábio e o homem comum é que o último não consegue perceber. A razão disso é que, como não há nada além de Brâman, Brâman não pode ser visto da maneira comum. Para ver as coisas, devemos ser capazes de distingui-las, o que significa que devemos ser capazes de separá-las de outras coisas ou de nós mesmos. Mas com Brâman isso não pode ser feito, pois quando você olha para este livro, Brâman está olhando para Brâman. Temos, portanto, de considerar como o sábio entende isso e de que maneira esse entendimento é de valor prático.

Naturalmente, o sábio não entende isso apenas conceitualmente; para ele, não é apenas uma ideia intelectual, como a de que o espaço é curvo. Um matemático pode ser capaz de provar, em teoria, que o espaço é curvo, mas ele não pode vê-lo curvo com os olhos, e assim o conhecimento é para ele puramente conceitual e não faz diferença para seu comportamento comum. Ele não começa a andar em curvas; e a menos que seja distraído como alguns de seus pares, não acha impossível ir de São Francisco a Nova York sem passar pela Cidade do México. Mas para o sábio, o conhecimento de sua identidade com Brâman é de imensa importância prática; ele sabe disso tão bem e tão plenamente quanto sabe que está vivo. Mas isso certamente não significa que, em vez de si mesmo, de outras pessoas, casas, estrelas, colinas e árvores, ele veja uma luminosidade sem forma, permanente e infinita, que parece ser a ideia que algumas pessoas têm da Realidade Divina. Se tal estado de consciência fosse possível, ainda seria dualista, envolvendo uma diferença absoluta entre a Realidade e o mundo comum. Deveria ser dito que ele sente Brâman, a força do universo, trabalhando em tudo que ele faz, pensa e sente, e isto dá um impulso poderoso e libertador ao seu espírito. Pois ele se sente livre e entregue, que é o significado preciso de *kaivalya*. Ele é libertado de si mesmo, que é a única coisa que já amarrou alguém, porque ele se deixou ir. O homem não iluminado mantém um controle sobre si mesmo porque tem medo de se perder; ele não pode confiar em nenhuma circunstância nem em sua própria natureza humana; ele tem pavor de ser genuíno, de aceitar a si mesmo como é e tenta se enganar na crença de que ele é como deseja ser. Mas esses são os desejos, os desejos/as vontades que o prendem, e foram esses desejos que o Buda descreveu como a causa da miséria humana.

As pessoas imaginam que se deixar ir teria resultados desastrosos; confiando em nenhuma circunstância ou em si mesmas, que juntos compõem a vida, estão sempre interferindo e tentando fazer suas próprias almas e o mundo se conformarem com padrões preconcebidos. Essa interferência é simplesmente a tentativa do ego de dominar a vida. Mas quando você vê que todas essas tentativas são infrutíferas e quando você relaxa a resistência nascida do medo à vida em si e ao seu entorno, que é chamada de egoísmo, você percebe a liberdade de união com Brâman. De fato, você sempre teve essa liberdade, pois o estado de união com Brâman não pode ser alcançado nem perdido; todos os homens e todas as coisas o têm, apesar de si mesmos. Ela só pode ser percebida, ou seja, tornada real para você, deixando a vida viver você por um tempo, em vez de tentar fazer você viver a vida. Você logo alcançará o ponto em que será incapaz de dizer se seus pensamentos e sentimentos são seus ou se a vida os colocou em você, pois a distinção entre você e a vida terá desaparecido. Se a verdade fosse conhecida, nunca haveria qualquer distinção, salvo em nossa imaginação. Isso é chamado de união com Brâman, pois "aquele que perde a vida a encontrará".

# A PARÁBOLA DO RABO DA VACA

**UM FAMOSO KOAN ZEN PERGUNTA:**
– Quando uma vaca sai de seu cercado para a beira do abismo, seus chifres e cabeça e seus cascos passam, mas por que o rabo também não passa? Comentando isso, um velho mestre diz:
– Se a vaca correr, ela cairá no buraco; se retornar, será abatida. Esse pequeno rabo é uma coisa muito estranha. Na busca pela compreensão da vida, chega um momento em que todos são confrontados com "aquele pequeno rabo" – o único pequeno obstáculo que está no caminho da percepção completa. Sabemos que é apenas uma fração da espessura de um fio de cabelo, e ainda assim a sentimos com um milhão de milhas de largura. Existe na matemática uma equação que, quando desenhada como um gráfico, aparece como uma curva que sempre se aproxima, mas nunca toca uma determinada linha. No início, a curva mergulha com ousadia em direção àquela linha, e a cabeça, os chifres e os cascos vão passando pelo portão, mas, justo quando o rabo está prestes a passar, a curva se endireita, deixando apenas uma fração de uma polegada entre ela e a linha. À medida que avança, essa fração diminui cada vez mais lentamente, mas a curva e a linha não se tocam e, embora continue por mil milhas ou mil milhões de milhas, a distância permanece, embora a cada ponto sucessivo ela se torne menor. Esta curva representa o progresso do intelecto humano em direção à Iluminação, captando nuances cada vez mais sutis de significado em cada estágio de sua jornada. É como se estivéssemos presos à ilusão por um fio de cabelo; para enfraquecê-lo, nós o dividimos com a faca do intelecto e o di-

vidimos novamente até que suas divisões se tornem tão finas que, para fazer seus cortes, a mente deve ser afiada indefinidamente. No entanto, por mais que dividamos esse fio de cabelo, a soma total de suas divisões não é nem um pouquinho mais fina que o cabelo original, pois quanto mais frágeis fazemos nossos laços, maior é o seu número.

Filosoficamente, essa condição é conhecida como regressão infinita e, psicologicamente, é esse estado louco, exasperante, que deve sempre preceder a experiência final do despertar. Podemos demonstrar isso pelo famoso quebra-cabeça triangular da filosofia Mahayana. Os dois pontos básicos desse triângulo representam os pares de opostos que nos confrontam em cada momento de nossa experiência – sujeito e objeto, eu e você, positivo e negativo, algo e nada. O ápice representa a relação, o significado entre eles, o princípio que lhes dá a realidade, o Um como distinto dos Muitos. Mas no momento em que separamos este Um dos Muitos, criamos outro par de opostos, iniciando assim um processo que continuará indefinidamente com complicações cada vez maiores. No Bhagavad Gita somos instruídos a nos afastarmos de nossos pensamentos e sentimentos, a perceber que eles não são o Ser e a aprender que o Ser não é o ator nas ações, mas o Espectador das ações. Mas por que não nos afastar outra vez dessa primeira posição de afastamento e perceber que não é o Eu que se coloca de lado, pois o Eu não realiza nenhuma ação? Isso também pode continuar para sempre.

O primeiro passo no budismo é a Motivação Correta e, para alcançar a Iluminação, diz-se que devemos eliminar o desejo egoísta. Mas se temos um desejo egoísta no começo, com certeza o desejo de se livrar dele também é egoísta. Desejamos nos livrar de nosso egoísmo por uma razão egoísta e, novamente, podemos facilmente ter uma razão egoísta para nos livrarmos da razão egoísta de querermos ser altruístas. Uma ilustração ainda mais fundamental do problema pode ser encontrada na declaração mais simples da filosofia oriental, a saber, que há apenas uma realidade e que toda diversidade é ilusão. Esta é uma afirmação que quase todos os estudantes da sabedoria oriental tomam como garantida: é a primeira coisa que aprendem, mas na verdade trata-se de quase tudo o que há para aprender, pois o resto é mera perfumaria. É o princípio central do Vedanta, do Mahayana e do taoismo: não há dois princípios no universo; existe apenas Brâman, Tathata ou Tao, e a Iluminação é apenas a percepção da identidade de alguém com isso. Mas aqui as complicações começam e o rabo da vaca fica preso no portão, no momento em que pensamos: "Isto é Tao" ou "Aquilo é Tao", imediatamente fazemos uma distinção entre Tao e isto e aquilo. Além disso, tão logo pensamos que o objetivo da religião é nos identificarmos com o Tao, criamos o dualismo do Tao e de nós mesmos que devemos identificar com ele. O dualismo aparece no momento em que fazemos uma afirmação ou uma negação sobre qualquer coisa; assim que pensamos que *Isto é Aquilo* ou *Isto não é Aquilo* temos a distinção entre *Isto* e *Aquilo*. E mesmo quando dizemos que na Realidade não há distinções, temos a oposição da Realidade e distinções.

Além disso, vamos considerar este problema: se existe apenas o Tao, como pode haver alguma divergência dele? Se há apenas uma Realidade, nossos pensamentos, iluminados ou não iluminados, devem ser ela. Não pode haver distinção entre Realidade e ilusão se houver apenas Realidade. Quer você possa concentrar seus pensamentos ou não, quer sejam de compaixão ou ódio, quer esteja pensando no budismo ou roendo as unhas, você não pode de modo algum divergir do Tao. Você pode amar a vida ou pode detestá-la, mas seu amor e sua aversão são manifestações da vida. Se você busca união com a Realidade, sua própria busca é a Realidade, e como você pode dizer que perdeu a união?

Colocando de outra maneira: diz-se que, para sermos iluminados, devemos viver no eterno. Agora, esse ponto infinitamente pequeno e, portanto, infinitamente grande, é chamado de momento presente. O universo existe apenas naquele momento, e é dito que o sábio se move com ele, não se apegando nem ao passado nem ao futuro, tornando sua mente como o espelho que reflete tudo instantaneamente como chega diante dele, sem fazer nenhum esforço para reter a reflexão quando o objeto é removido. "O homem perfeito", diz Chuang-tzu, "emprega sua mente como um espelho. Não segura nada; não recusa nada. Ele recebe, mas não mantém".

No entanto, quando o assunto é cuidadosamente considerado, descobrimos que isso é uma descrição, não do que devemos fazer, mas do que não podemos deixar de fazer, de qualquer maneira. Pois, quer pensemos no passado ou no futuro, e o que quer que pensemos sobre qualquer um deles, nossos pensamentos existem e participam do eterno Agora; caso contrário, eles não existiriam de forma alguma. Não podemos nos separar deste momento presente, e se imaginarmos que a Iluminação consiste simplesmente em viver no presente, em pensar apenas no que está acontecendo agora, nos encontramos no dualismo do agora e do ontem/amanhã. O ponto é que só podemos pensar no que está acontecendo agora, mesmo pensando no passado ou no futuro. Pois nossos pensamentos sobre o passado e o futuro estão acontecendo agora e estamos pensando neles. Existe apenas uma Realidade! Portanto, será perguntado: "A Iluminação é simplesmente viver e pensar como qualquer tolo ignorante, sem se preocupar com filosofia, misticismo ou moralidade, sabendo que o que quer que você faça, você não pode sair de harmonia com o Tao?"

Se respondermos "sim", afirmamos; se dissermos "não", negamos. O rabo ainda está preso no portão. Mas se você pensa que alcançará a Iluminação vivendo como um tolo ignorante, ainda estará preso no dualismo do *você* que deve atingir a Iluminação. Na verdade, não há receita para a Iluminação, pois assim que começamos a dizer que é isto ou não é isto, tentamos fazer duas realidades no universo ao invés de uma. De fato, você pode pensar sobre filosofia, ou sobre comer e beber, você pode amar a humanidade, você pode odiá-la, você pode fazer o que quiser, você pode fazer o que não gosta, você pode se disciplinar, você pode viver livremente, você pode buscar sabedoria, você pode ignorá-la, mas você não pode divergir do Tao, porque tudo, qualquer coisa, e nada é Tao. É isso? Cuidado com esse "é". O que pega é o rabo.

## O SEGUNDO IMORTAL

ERA UMA VEZ UM HOMEM QUE VIVEU tanto quanto os outros homens vivem. Ele tinha uma esposa e três filhos e uma loja na Rua dos Pardais Felizes, onde vendia bolos, legumes e picles doces. Ele se levantava ao amanhecer e ia para a cama ao pôr do sol; comia arroz três vezes ao dia; fumava dois cachimbos de tabaco por hora; conversava sobre compra e venda com seus vizinhos; palitava os dentes depois de comer e fazia sua mulher coçar-lhe as costas no calor do meio-dia.

Na primavera, observava a grama nova crescer por entre as pedras; no verão, levantava um olho para as nuvens preguiçosas; no outono, acompanhava as folhas que dançavam ao vento; e, no inverno, acordava para ver os rastros dos pássaros na neve. E em todas as estações, entre conversar, fumar e vender bolos, mastigava sementes de melancia e divertia-se trançando cordas de palha em torno dos dedos dos pés.

Um dia, quando foi queimar incenso no Templo dos Amáveis Dragões, seu amigo sacerdote aproximou-se dele, dizendo:

– Você está envelhecendo e seu filho mais velho tem idade para cuidar de sua loja. Não seria apropriado para um homem como você passar o resto de seus dias em atividades vazias, pois você irá para o túmulo tão insignificantemente quanto lixo velho é jogado no rio.

– Tal é o destino do homem – respondeu o vendedor de bolos –, como posso reclamar?

– Muitos são meros vegetais – disse o sacerdote. – Mas se você estiver disposto a se dar ao trabalho, poderá encontrar um lugar entre os imortais.

– E quem – perguntou o vendedor de bolos –, são os Imortais?

– São aqueles que não dependem do seu próprio poder para se manterem vivos. O homem é uma pequena criatura cuja vida é como um floco de neve. Mas o vento sopra para sempre; o sol e a lua mantêm eternamente seus cursos e os rios fluem desde o início dos tempos. Os Imortais são aqueles que aprendem os segredos dessas coisas; em vez de depender de seus próprios recursos, eles se permitem ser mantidos e orientados por aquilo que mantém e orienta o vento, o sol, a lua e os rios.

– Mas como alguém pode se tornar um Imortal?

– Você terá que encontrar um Imortal para lhe ensinar – disse o sacerdote. – Eu não sou sábio o suficiente.

– Bem – disse o vendedor de bolos. – Eu preciso encontrar um. Mas há tantas pessoas no mundo, e como se pode reconhecer um Imortal?

– Isso não deve ser difícil – respondeu o sacerdote. – Dizem que a respiração deles é operada pelo vento; que o sol lhes dá a luz do olho direito e a lua o do olho esquerdo; que seu grito é auxiliado pelo trovão, seus sussurros pelas ondas murmurantes e suas risadas pelos riachos da montanha. A terra, diz-se, mantém sua carne, enquanto seus ossos e fluidos vitais são supridos pelas rochas e pelas chuvas. Seus pensamentos e humores são dirigidos pelo ir e vir das estações e dos elementos, e por terem tamanhas forças comandando todas as suas funções, dizem que estão livres de quaisquer das limitações comuns e são mais poderosos até do que os deuses.

– Um ser tão estranho – observou o vendedor de bolos –, deve ser fácil de reconhecer.

Imediatamente voltou para casa, colocou seus assuntos em ordem, instruindo seu filho mais velho quanto aos cuidados da loja e na mesma noite deixou a cidade em sua jornada em busca de um Imortal. Depois de muitas semanas na estrada, chegou a uma cabana habitada por um ancião de aspecto severo que parecia ter pelo menos duzentos anos de idade. Sua barba branca roçava a parte superior de seus sapatos e o topo de sua cabeça brilhava como os cotovelos ensebados de um casaco velho. Percebendo sua aparência venerável, e também os muitos volumes dos clássicos que o cercavam, o vendedor de bolos imediatamente se aproximou dele e implorou por instrução, pensando que certamente aquele deveria ser um Imortal, pois era a pessoa mais velha que já vira.

– Faz muito tempo – disse o venerável –, desde que meu conselho foi solicitado a respeito de qualquer coisa, pois esta é uma época dissoluta, e o domínio da vida não é compreendido por aqueles que falham em observar os quarenta e oito preceitos e falham em evitar as noventa e uma indiscrições. Sente-se e eu o instruirei nas palavras dos antigos sábios.

Então, ele começou a ler os clássicos, e o vendedor de bolos sentou-se e ouviu até o sol se pôr. E no dia seguinte leu ainda mais, e novamente no dia seguinte e no seguinte e no próximo, e assim por diante, até que o vendedor de bolos quase perdeu a noção do tempo. E ele foi instruído e aprendeu a se disciplinar segundo os oito atos virtuosos, os vinte e nove pensamentos louváveis, as cento e oito observâncias cerimoniais, os quarenta e dois traços de caráter superior, os trinta e sete atos de piedade filial e as quatrocentas e três propiciações de espíritos hostis. E durante todo esse tempo, o vendedor de bolos cresceu em retidão e conduta elevada, e inclinava-se a acreditar que estava no caminho da imortalidade. Mas, um dia, lembrou-se subitamente de que já fazia vinte anos que estava com o venerável erudito; os dias de sua vida estavam ficando mais curtos e, no entanto, não sabia nada dos segredos do sol, da lua, dos rios, do vento e dos elementos. Com isso, encheu-se de agitação e, à noite, voltou à estrada novamente.

Depois de algumas semanas vagando pelas montanhas, encontrou uma caverna onde um estranho se sentava na entrada. Seus membros eram como o tronco de um pinheiro retorcido, os cabelos como rolos de fumaça flutuando no vento e os olhos fixos e ferozes como os de uma cobra. Devidamente impressionado, o vendedor de bolos novamente implorou por instrução.

– Os Imortais – disse-lhe aquela pessoa –, têm o vento como fôlego e, para aprender isso, você deve cultivar a arte dos Pulmões Expansivos. Mas isso não pode ser aprendido por quem mastiga sementes de melancia, fuma dois cachimbos por hora e faz três refeições por dia. Para ter o vento como respiração, você deve comer apenas um grão de arroz por dia e beber um copo de água. Você deve limpar a fumaça da sua traqueia e aprender a respirar não mais do que duas vezes por dia. Só então seus pulmões serão capazes de conter o vento.

Então, o vendedor de bolos sentou-se na entrada da caverna, comeu apenas um grão de arroz e bebeu apenas um copo de água por dia. E sob as instruções do sábio ele aprendeu a diminuir cada vez mais a velocidade de sua respiração até que pensou que seus olhos saltariam das órbitas e seus tímpanos perturbariam todos os pássaros da floresta com sua explosão. Mas por muitos anos ele praticou até que de fato respirava duas vezes por dia e, ao final desse tempo, constatou que seu corpo era como um esqueleto coberto de pele como as teias de aranhas cobrem os galhos de um arbusto e demonstrando uma conduta extremamente desregrada ele fugiu da caverna.

Por muitos meses, procurou por um instrutor, mas, não encontrando nenhum, começou a se perguntar se por acaso não havia perseverado o bastante com seu mestre. Então, começou a voltar para as montanhas. No caminho, encontrou um comerciante itinerante que carregava uma vara sobre o ombro, à qual estava preso uma trouxa contendo uma variedade de panelas, contas, pentes, bonecas, utensílios de cozinha, materiais de escrita, sementes, tesouras e incenso. Por um tempo, seguiram na companhia um do outro, conversando sobre assuntos triviais, como o estado das plantações, as melhores maneiras de afastar pulgas, os prazeres da chuva suave e os vários tipos de carvão úteis para fazer fogueiras. Finalmente, o vendedor disse ao comerciante que desejava encontrar um Imortal que pudesse instruí-lo e perguntou se ele conhecia alguma dessas pessoas.

– Mastigue umas sementes de melancia – disse o comerciante, oferecendo-lhe um punhado.

– Na verdade, sinto não poder comer sementes de melancia – lamentou o vendedor de bolos –, porque, se eu mastigá-las, perderei a minha capacidade de Pulmões Expansivos.

O comerciante deu de ombros e por um tempo eles continuaram andando em silêncio, quebrado apenas pelo estouro de sementes de melancia entre os dentes do comerciante, um som que enchia o vendedor de bolos com uma variedade de emoções. Por um lado, ele começou a sentir uma imensa vontade de quebrar sua disciplina e, mais uma vez, sentir aquele eminentemente satisfatório estouro de sementes entre os dentes; por outro, sentia que deveria persistir em sua busca e novamente perguntar ao comerciante sobre os Imortais. Quem sabe, ele pensou, o comerciante nunca tivesse ouvido falar de Imortais, mas podia ser que ele reconhecesse tais seres se soubesse como eles eram.

– Eu estava pensando – disse o vendedor de bolos –, se em suas andanças você se encontrou com alguém de aspecto estranho e poderoso, cuja respiração é operada pelo vento, cujos olhos direito e esquerdo recebem luz do sol e da lua, respectivamente, cujo grito é auxiliado pelo trovão, seu sussurro pelas as ondas murmurantes e as risadas pelos riachos da montanha; cuja carne é mantida pela terra, os ossos e fluidos vitais fornecidos pelas rochas e pelas chuvas, e cujos pensamentos e humores são dirigidos pelo ir e vir das estações e dos elementos...

– Oh, sim – respondeu o comerciante –, eu vi muitos desses seres. Ora, acredito que dois deles estão caminhando ao longo desta estrada.

– O quê! – Exclamou o vendedor de bolos. – Nesta estrada aqui? Vamos nos apressar para que possamos alcançá-los!

E assim aumentaram o ritmo e, quando a noite caiu, não pararam para descansar, pois o vendedor de bolos persuadiu o comerciante de que seria uma boa vantagem para eles ganharem uma noite de viagem.

Ao amanhecer, encontraram-se no topo de uma colina de onde podiam ver a estrada à frente por muitos quilômetros, mas, ao olharem para ela, não avistaram ninguém em lugar nenhum.

– Pode ser – disse o vendedor de bolos – que nós os tenhamos ultrapassado durante a noite.

Olharam para trás, e novamente uma vista de muitos quilômetros mostrava uma estrada vazia. Com isso, o vendedor de bolos ficou muito triste.

– Eles devem ter pegado um atalho pelas montanhas – disse ele –, porque parece que somos as únicas pessoas nesta estrada.

– Oh – disse o comerciante –, eu esqueci de lhe dizer. Quando eles andam em pares, um deles é sempre invisível. Você está procurando por dois homens viajando juntos. Vamos olhar de novo.

Mais uma vez o vendedor de bolos olhou para um lado e outro da estrada, mas não viu nenhum outro homem além do seu companheiro, o comerciante.

– Não – suspirou o vendedor de bolos –, nós os perdemos. Não vejo nem dois nem um.

– Você tem certeza? – respondeu o comerciante. – Eu realmente acredito que posso ver um. Olhe novamente.

– Não – disse o vendedor de bolos –, não vejo nenhum homem na estrada, exceto você mesmo.

Com isso, o comerciante começou a rir e, ao rir, pareceu ao vendedor de bolos que sua risada era como o som de um riacho da montanha.

– Você! – exclamou ele. – Você é um Imortal? Mas você parece um homem comum!

– De fato – riu o comerciante –, devo confessar que sim. Sabe? Eu preciso andar disfarçado, pois do contrário seria seguido por todo lugar, o que seria muito inconveniente.

– Mas o seu companheiro invisível – perguntou o vendedor de bolos –, também está aqui? Ele parece um Imortal? Descreva-o para mim.

– Certamente – respondeu o comerciante. – Sua respiração é operada pelo vento, mas você não percebe isso; a luz de seus olhos direito e esquerdo é dada pelo sol e pela lua, mas você não a vê; seu grito é do trovão, seu sussurro das ondas e seu riso dos riachos da montanha, mas você não o ouve; sua carne é mantida pela terra e seus ossos e fluidos vitais pelas rochas e chuvas, mas você não entende isso; seus pensamentos e humores são dirigidos pelo ir e vir das estações e dos elementos, mas você não está ciente disso. Ele não confia em seus próprios recursos; ele se permite ser mantido e orientado por aquilo que mantém e orienta o vento, o sol, a lua e os rios, mas você não o reconhece.

– Maravilhoso, de fato, deve ser contemplá-lo! – Exclamou o vendedor de bolos. – Por favor, peça a ele para se tornar visível para que eu possa entender seus segredos.

– É melhor você mesmo pedir – respondeu o comerciante. – Só você tem o poder de torná-lo visível. Há uma mágica pela qual você pode fazê-lo aparecer.

– Conte-me sobre isso.

– A mágica – respondeu o comerciante –, é assim: na primavera, observar a grama nova crescendo por entre as pedras; no verão, levantar um olho para as nuvens preguiçosas; no outono, acompanhar as folhas que dançam ao vento; no inverno, acordar para ver os rastros dos pássaros na neve. Levantar de madrugada e ir dormir ao pôr do sol; comer arroz três vezes ao dia; falar de compra e venda com os vizinhos; mastigar sementes de melancia e trançar cordas de palha ao redor dos dedos dos pés.

E, com isso, o vendedor de bolos descobriu o segundo Imortal.

# O PROBLEMA DA FÉ E OBRAS NO BUDISMO

SUPÕE-SE, GERALMENTE, QUE O BUDISMO FILOSÓFICO, e especialmente naquela forma expressa no Cânone Páli, é por excelência o caminho para a salvação ou iluminação pela autoajuda. Pois na filosofia atribuída a Gautama, segundo os registros mais antigos, nenhum lugar é conferido a um Deus ou deuses que possam auxiliar o homem no desenvolvimento da vida espiritual; a existência de tais seres divinos não é negada – ela é ignorada com base em que nenhum poder na terra ou no céu pode interferir no karma de um indivíduo. E *karma* (em páli, *kamma*) é um termo muito abrangente, pois significa principalmente "ação" ou "fazer", embora, num sentido secundário, viesse a significar lei de causa e efeito – uma noção que tem sido muito enfatizada por interpretações teosóficas ocidentais. Mas parece que o budismo original não apenas deixa de lado a possibilidade de interferência no karma, porque é impossível separar uma causa de seu efeito (no sentido cristão de perdão), como também rejeita a possibilidade de intervenção divina no final causal do processo, não encontrando paralelo no conceito cristão de Graça. No cristianismo, não há poder humano que possa, com seus próprios recursos, produzir virtude moral e salvação, pois em razão do pecado original é impossível ao homem ascender sem o dom da Graça divina. O budismo, no entanto, parece ser um método de ascensão por meio da própria ação, pois, de acordo com uma famosa passagem no *Mahaparinibbana-sutta* (v. ii, p. 27-35), somos aconselhados: "Sede o farol para vós mesmos. Sede o refúgio para vós mesmos. Não tomeis para si outro refúgio".

Tanto o budismo Hinayana quanto o Budismo Mahayana, no desenvolvimento histórico de sua filosofia e prática, mantiveram, em sua maior parte, esse princípio de absoluta autossuficiência. Se alguma fé estava envolvida, era a fé na capacidade do indivíduo de desenvolver a própria salvação e a fé na capacidade do budismo de fornecer o método necessário. No sistema Hinayana, o método era exaurir o processo do karma, percebendo a irrealidade fundamental do indivíduo (*atta*), que coloca o karma em movimento. O Mahayana seguiu uma variação do mesmo método, mas, sob a influência do pensamento brâmane, complementou a ideia da irrealidade individual com o conceito de uma Realidade universal, não dual, semelhante à ideia vedantista de Brâman. Em certo sentido, essa Realidade, chamada por nomes como *Tathata*, *Shunyata* e *Dharmakaya*, estava além do karma (*akarma*) e, portanto, a compreensão de que somente ela existia envolvia a libertação das labutas do karma, embora se continuasse a viver no "mundo do nascimento e da morte". Mas o não dualismo radical de, digamos, o *Lankavatarasutra* recusou-se a sequer fazer qualquer distinção absoluta entre karma e akarma, o mundo da ilusão e o princípio da Realidade, o indivíduo transitório e distinto e a eterna e indistinguível "Talidade" (*Tathata*):

> Não há Nirvana, exceto onde está o Samsara; não há Samsara exceto onde está o Nirvana; pois a condição de existência não é de caráter mutuamente exclusivo. Portanto, diz-se que todas as coisas são não duais, assim como o Nirvana e o Samsara[9].

O problema da fé e das obras no budismo, como discutiremos, será inteiramente em termos da escola Mahayana. Para entender seu contexto doutrinário e psicológico, devemos prestar particular atenção à doutrina Mahayana da não dualidade, tendo também em mente que somente no Mahayana surgiu um caminho de salvação pela fé. Nossa atenção será dirigida, no entanto, a aspectos doutrinários e psicológicos

---

9 SUZUKI, D.T. (trad.). *Lankavatara Sutra*. Londres, 1932, p. 67.

do problema, e não históricos, pois não podemos dizer com precisão se o desenvolvimento histórico do caminho da fé adveio como um resultado lógico de certas tendências filosóficas ou como uma resposta a uma necessidade humana natural. Além disso, o aspecto histórico do problema é complicado pela nossa incerteza quanto à idade exata de muitos dos importantes sutras envolvidos. Mas sabemos que o caminho da fé se desenvolveu bem cedo na história Mahayana, desempenhando um papel importante nas obras de patriarcas da escola tais como Nagarjuna, Ashvaghosha e Vasubandhu.

A filosofia Mahayana é centrada em duas ideias intimamente relacionadas. A primeira, descendente do Vedanta, é que a Iluminação (o objetivo de vida budista) consiste em uma compreensão interna da não dualidade. Todas as coisas das quais o homem não iluminado depende para sua felicidade são duais e, portanto, condicionadas por seus opostos. A vida não pode ser vivida sem a morte, o prazer sem o mal. Não podemos, portanto, depender, para nossa salvação final e segurança, de qualquer aspecto de um dado par de opostos (*dvandva*), pois os dois são tão essenciais um para o outro quanto a parte de trás e da frente são essenciais para a totalidade de qualquer objeto. Assim, enquanto buscarmos por orientação para a nossa salvação em tais estados limitados, estaremos envolvidos em um mundo de altos e baixos que recebe a denominação genérica de Samsara, a roda do nascimento e da morte.

Desde o princípio, o propósito do budismo foi encontrar libertação desta roda, alcançar o estado do Nirvana, que difere desses estados limitados por ser eterno, imutável e livre de altos e baixos. No Cânone Páli, não há ênfase especial na não dualidade do Nirvana. Aqui é algo completamente externo e diferente do Samsara – uma fuga. Mas o Nirvana Mahayana é descrito na mesma linguagem que os Upanishads descrevem Brâman, o "Um sem um segundo". Aqui o Nirvana é a experiência que difere de todas essas experiências limitadas *por não ter oposto*. Os sutras Mahayana estão tão empenhados em enfatizar a não dualidade do Nirvana e da Iluminação (*bodhi*) que sequer permitem que o Nirvana se oponha ao Samsara, ou que a Iluminação seja oposta à Ignorância (*avidya*). Para o indivíduo plenamente iluminado, o Samsara é o Nirvana; a experiência corriqueira e cotidiana do mundo dos opostos é para ele transformada na suprema experiência espiritual de libertação ou liberdade.

O segundo princípio importante do Mahayana é o ideal do Bodisatva. Em certo sentido, o Bodisatva é um Buda menor. Em outro, ele é aquele que, por meio do paciente esforço através de incontáveis encarnações, alcançou o direito ao Nirvana, mas que adia a entrada final em seu descanso eterno a fim de voltar para o mundo e trabalhar pela libertação de "todos os seres sencientes". Mas esta visão bastante pitoresca do Bodisatva é na verdade tomada do ponto de vista Hinayana. O Nirvana ainda é uma *fuga* do Samsara, embora o Bodisatva tenha temporariamente renunciado a ele. Mas do ponto de vista Mahayana radical, o ideal do Bodisatva é a consequência necessária de uma filosofia que nega a dualidade do Nirvana e do Samsara. O Bodisatva não precisa fugir do Samsara porque ele percebe que Samsara é Nirvana. Assim, para citar o *Lankavatara-sutra* novamente,

> aqueles que, receosos dos sofrimentos ocasionados pela discriminação entre vida e morte, buscam o Nirvana, desconhecendo que o nascimento, a morte e o Nirvana não devem ser separados um do outro; e, vendo que todas as coisas sujeitas à discriminação não têm nenhuma realidade, imaginam que o Nirvana deve consistir na futura aniquilação dos sentidos e dos seus domínios. Eles não compreendem que o Nirvana e a mente universal (Alayavijnana) são um só...[10]

Mas qualquer que seja a visão do Nirvana, o Bodisatva é o salvador, aquele que assume o compromisso (*pranidhana*) de adiar sua retirada

---

10 Ibid., p. 55.

final do mundo até que tenha visto todas as coisas vivas libertadas e elevadas ao grau de sua própria compreensão. Assim, em vários cultos budistas, o monge repete diariamente os seguintes votos para se identificar com o ideal do Bodisatva:

Seres são inumeráveis. Faço voto de salvá-los.
Desejos são inexauríveis. Faço voto de extingui-los.
Os portais do Darma são ilimitados. Faço voto de apreendê-los.
O caminho de Buda é insuperável. Faço voto de me tornar esse caminho[11].

Mas convém observar que, embora o monge prometa salvar todos os seres sencientes, ele não parece esperar que alguém o salve. O restante de seus votos são afirmações firmes de autoajuda, e isso está de acordo com a principal orientação da filosofia e prática do Mahayana em tudo, exceto as seitas populares que colocam os Bodisatvas na posição de salvadores a serem adorados e aos quais se pode recorrer quase exatamente como o cristão confia no poder salvador do Cristo. Assim, parece haver aqui uma enorme incoerência entre o budismo popular e filosófico na escola Mahayana. O objetivo aqui, no entanto, é mostrar que essa incoerência é mais aparente do que real.

Na China e no Japão modernos, de longe a forma mais popular de budismo é um caminho de salvação pela fé. Tal aspecto alcançou seu desenvolvimento mais radical e interessante no Japão, mas, como vimos, suas origens estão na Índia, bem no começo da história do Mahayana. A maioria dos estudiosos do budismo não consegue encontrar uma verdadeira semelhança de propósito entre esses cultos populares e o budismo altamente independente de Gautama e do filosófico Mahayana. Geralmente, são considerados uma mera degeneração da doutrina, uma concessão pura à natureza humana impenitente, que demanda seres sobrenaturais para alcançar o que os homens são muito preguiçosos

---

11 SUZUKI, D.T. *Essays in Zen Buddhism*. Vol. 1, p. 323.

e têm muito medo de alcançar por si próprios. Não há dúvida de que existem muitos seres humanos preguiçosos e amedrontados, e que um método fácil de salvação pela fé naturalmente os atrairia, especialmente nas formas mais extremas que excluem totalmente a eficácia das obras. Mas há outras considerações e, sob certo ponto de vista, essas formas bastante extremas tornam-se repletas do mais profundo interesse. Aqui, é preciso dizer que devo tal ponto de vista ao Dr. D.T. Suzuki, que fez um estudo particularmente sugestivo da filosofia e psicologia subjacente ao budismo de fé em seu ensaio, "The Shin Sect of Buddhism" (*Eastern Buddhist*, vol. VII, n. 3-4, jul./1939). Mas até agora ele não fez um estudo completo das relações psicológicas do caminho da fé e do caminho das obras. Essa me parece uma linha de investigação muito necessária, porque acredito que os estudantes ocidentais de origem cristã jamais poderão entender de fato o budismo das obras a menos que o abordem por meio do budismo da fé, ele próprio tão próximo da crença cristã.

De um modo geral, o budismo da fé é baseado no *Sukhavati-vyuha* que, até onde sabemos, foi compilado cerca de trezentos anos após a morte de Gautama. O *Sukhavati-vyuha* fala de um Dharmakara, que, em alguma época incomensuravelmente distante, fez quarenta e oito votos referentes à libertação de seres sencientes. Antes de fazer esses votos, dedicara-se, por um período de tempo igualmente incompreensível, a numerosas boas obras, adquirindo assim para si um estoque de mérito suficiente para proporcionar abundante ajuda ao mundo inteiro. Mas ele renunciou à recompensa da Maior Realização que lhe era devida por essas obras a fim de poder presidir a terra de Buda (*buddhakshetra*) de Sukhavati, o Paraíso Ocidental, e assim vigiar o mundo até que todos os seres vivos tivessem nascido em sua Terra Pura, tendo assegurado a iluminação final. A partir de então, ele ficou conhecido como Budda Amitabha (Luz Ilimitada) ou Amitayus (Vida Eterna). A forma chinesa do nome é *O-mi-to-fo*, e a japonesa é *Amida*, pela qual ele é mais conhecido. Na segunda parte do sutra declara-se que aqueles que, em plena fé, voltam-se para Amida e repetem seu nome nascerão após a morte na Terra Pura.

Mas é difícil encontrar no próprio sutra base suficiente para algumas das interpretações posteriores, e foi só na época do Amidista japonês Shinran Shonin que surgiu uma verdadeira filosofia de salvação pela fé pura. No sutra, Amida é capaz de transferir seu mérito para os outros porque, de acordo com a filosofia representada pelo *Avatamsaka-sutra*, cada átomo contém em si próprio todo o universo. Portanto, o que é feito por um indivíduo afeta todos os outros; se um homem se levanta, ele levanta ao mesmo tempo o universo inteiro. Mas aqui Amida não é a única fonte de mérito da forma como o Deus cristão é a única fonte de bondade. No início do Mahayana, a transferência de mérito (*parina mana*) é um processo que pode agir mutuamente entre todos os seres e, embora o indivíduo seja ajudado compartilhando o mérito de Amida, ele ainda é capaz de adquirir mérito por seus próprios esforços, acrescentando assim sua própria contribuição para uma reserva universal. Assim, no *Sukhavati-vyuha*, a possibilidade de autoajuda não é de modo algum excluída, e Amida permanece um entre os muitos Budas; ele ainda não foi elevado à posição de única fonte de luz e vida, nem fez a personificação por excelência da Realidade suprema e final. Sua distinção reside apenas no fato de que ele fez uma contribuição particularmente grande para o estoque de mérito da qual todos podem compartilhar, e colocou sua terra de Buda à disposição de todos os que a procuram na fé. Existe ainda a diferença entre "*na fé*" e "*pela fé*".

O crescimento de um culto em torno de Amida foi apoiado por uma visão predominante de que neste ciclo sombrio (*kali yuga*) da história é impossível alguém atingir a iluminação aqui na terra, embora algum progresso possa ser feito em relação a ela; daí a vantagem de renascer em um reino livre das ciladas e impurezas da vida terrena em seu ciclo sombrio. E aqui podemos notar uma racionalização da pura preguiça ou então o crescimento do que o cristianismo chama de convicção do pecado, a percepção da impotência do homem afastado de Deus. Existe, além disso, um paralelo notável com essa ruptura gradual da independência legalista e ética do budismo na revolta de São Paulo contra a lei judaica – e por razões psicológicas semelhantes. Assim, no sétimo capítulo de sua Epístola aos Romanos, São Paulo escreve: "Mas eu não conheci o pecado senão pela lei; porque eu não conheceria a concupiscência, se a lei não dissesse: Não cobiçarás. Mas o pecado, tomando ocasião pelo mandamento, operou em mim toda a concupiscência". Da mesma forma, havia budistas que descobriram que a rígida moralidade da vida monástica, com sua insistência no preceito negativo, servia apenas para agravar o desejo interno pelo vício. Eles se encontravam em um impasse espiritual, incapazes de mudar a si mesmos porque o eu que precisava ser mudado também era o eu que precisava fazer a mudança – um feito tão impossível quanto beijar os próprios lábios. Certamente, um conhecimento profundo da psicologia do *Lankavatara-sutra* e do *Avatamsaka-sutra* teria mostrado uma saída para o impasse, um caminho que muitos da escola de autoajuda descobriram (como será mostrado), mas que muitos mais perderam. O problema não estava nas dificuldades peculiares daquela psicologia, mas nos obstáculos a serem superados antes que se pudesse vislumbrá-la. Estava oculta sob uma vasta estrutura metafísica, na qual aqueles que não eram dotados de considerável intelecto não podiam penetrar, separando o joio do trigo. E mesmo assim eles poderiam ficar com o trigo que o mero intelecto não poderia apreciar.

Não foi, portanto, surpresa que o budismo do Extremo Oriente se rebelasse de duas maneiras distintas de uma combinação de metafísica e autodisciplina que poderia ser tolerável separadamente, mas dificilmente em conjunto. A primeira revolta foi contra a metafísica, e isso deu origem à escola chinesa de Ch'an (em japonês, Zen), cuja profunda compreensão intuitiva dos fundamentos do Mahayana tornou desnecessário seu intelectualismo pesado. O Zen descobriu uma forma de comunicar o significado sem palavras e, por uma vez, o Mahayana tornou-se, na prática, uma psicologia e uma religião distintas de uma filosofia. Mas na doutrina e na disciplina o Zen permaneceu essencialmente uma forma de autoajuda. A verdadeira revolta contra a absoluta confiança nas obras e autodisciplina deu-se, por fim, no Japão. Seu líder foi Shinran Shonin (1173-1262), um discípulo do grande mestre da Terra Pura (*Jodo*), Honen Shonin.

Antes de Shinran, a escola da Terra Pura tinha sido apenas parcialmente um caminho de salvação pela fé, e ainda hoje existem duas formas distintas de budismo da Terra Pura no Japão – o *Jodo-shu* e o *Shin-shu*, o primeiro ainda colocando ênfase considerável na eficácia das obras. Assim, o budismo japonês é separado em duas grandes divisões do *jiriki* (poder próprio) e do *tariki* (poder do outro), o caminho para a Iluminação por meio da autoconfiança e o caminho por meio da confiança no Voto Original (*purvapranidhana*) de Amida. Sob o jiriki, incluímos as escolas Zen, Shingon, Tendai, Kegon e Nichiren, e sob o tariki a Shin-shu[12], enquanto a Jodo-shu vem mais ou menos no meio, embora com uma lista pendendo para o tariki.

Shinran começou seus estudos budistas na famosa comunidade Tendai do Monte Hiei, perto de Kyoto, onde alcançou uma posição de certa importância. Mas, apesar de tais realizações, sentia-se oprimido pelo problema moral, reconhecendo que, no fundo, não era melhor do que um simples novato. Estava profundamente ciente de sua humanidade e tinha plena consciência de que a mera autodisciplina era totalmente inadequada para livrá-lo da escravidão do karma. Tentar resolver o karma com autodisciplina era como tentar pegar um sabonete com os dedos molhados; quanto mais você tenta segurá-lo, mais rápido o sabonete escorrega. (A analogia é minha, não de Shinran.) Mais do

---

12 Na verdade, o nome completo da seita Shin é *Jodo-shin-shu*; mas eu uso somente Shin para evitar a confusão com Jodo.

que qualquer um de seus predecessores, ele se sentia consciente da escravidão esmagadora da vida terrena em seu presente ciclo e, como um homem de sentimentos e não de intelecto, foi finalmente atraído pelo *bhaktimarga* da Terra Pura na pessoa de Honen Shonin (1133-1212). Para Honen ele aliviou sua mente, e foi aconselhado a confiar em Amida e a abandonar a vida monástica casando-se. Subsequentemente, os sacerdotes Shin nunca fizeram votos de celibato. Shinran não permaneceu na escola da Terra Pura à qual Honen pertencia; ele fundou sua própria escola para preservar a pureza de uma fé que ele sentia que os sacerdotes Jodo comuns não compreendiam completamente.

Existem duas características principais da religião de Shinran. A primeira é sua concepção de parinamana ou transferência de mérito. Para ele, Amida era a única e original fonte de mérito. O nascimento na Terra Pura não era mais uma questão de direcionar o próprio estoque de mérito para Amida – como uma leitura estritamente precisa do *Sukhavati-vyuha* indicaria. Shinran transformou o sentido das palavras, tornando o nascimento na Terra Pura dependente de que Amida direcionasse seu estoque de mérito para o indivíduo. A segunda característica surge da primeira e é a doutrina da fé pura. De acordo com Shinran, nenhum possível mérito humano poderia ganhar o tremendo direito de nascimento na Terra Pura, e imaginar que uma bênção tão grande poderia ser reivindicada como a justa recompensa pelo esforço humano era para ele o cúmulo do orgulho espiritual. À luz da compaixão infinita de Amida (*karuna*), todos os seres, sejam vermes, demônios, santos ou pecadores, eram igualmente merecedores de amor, como se Amida dissesse: "Eu tenho o mesmo sentimento tanto pelo superior como pelo inferior, pelo justo como pelo injusto, pelo virtuoso como pelo depravado, e por aqueles que têm visões sectárias e falsas opiniões como aqueles cujas crenças são boas e verdadeiras". Aqueles que depositassem sua fé em Amida deveriam, portanto, oferecer-se a ele assim como são, não imaginando que a Terra Pura possa ser uma recompensa pela virtude humana. O amor de Amida não é para ser merecido; é uma propriedade universal tanto quanto o sol, a lua e as estrelas – algo a ser aceito com humildade e gratidão, mas nunca avaliado em relação ao mérito humano. Assim, Shinran disse:

> Você não deve imaginar que não seria saudado por Amida em sua Terra por causa de sua pecaminosidade. Como os seres comuns, você é dotado de todo tipo de paixões perniciosas e destinado a ser pecador. Você também não deve imaginar que lhe é assegurado o nascimento na Terra Pura por causa de sua bondade. Enquanto seu senso de jiriki o estiver segurando, você nunca será bem-vindo à verdadeira Terra de Recompensa de Amida[13].

Tudo o que é necessário é desistir para sempre de qualquer ideia de alcançar o mérito pelo próprio poder, e então ter fé que alguém é aceito pela compaixão de Amida desde o início, não importa qual seja a condição moral do indivíduo. É preciso até desistir da ideia de que a fé em si é alcançada pelo próprio poder, pois a fé é, também, dom de Amida. Assim, o homem como homem torna-se espiritualmente passivo e, pela graça de Amida, deixa o amor eterno fluir para ele e salvá-lo tal como ele é, simbolizando sua fé repetindo o *Nembutsu*, a fórmula *Namu Amida Butsu* (Salve, Buda Amida!). De acordo com o *Anjin-ketsujo-sho*:

> Compreender o Voto significa entender o Nome, e entender o Nome é entender que quando Amida, ao amadurecer seu Voto e Virtude (ou Ação) no lugar de todos os seres, efetuou seus renascimentos *mesmo antes de sua real concretização*[14].

O fato de que o próprio Amida é a única fonte de graça é mais enfatizado nesta passagem citada de Shinran no *Tannisho* (capítulo 8):

---

13 SUZUKI, D.T. *Easthern Buddhist*, VII, p. 253.
14 Ibid., p. 249 – grifo nosso. O *Anjin* é um trabalho de autor desconhecido. Cf. p. 248.

O Nembutsu é não prática e não bondade para o devoto. É não prática porque ele não o pratica por vontade própria, e é não bondade porque ele não o cria a seu próprio critério. Tudo acontece somente através do poder de Amida, não através de nosso próprio poder, que é vão[15].

À primeira vista, parece que a eficácia de Shin depende de certas sanções sobrenaturais de um tipo que os budistas jiriki comuns teriam grande dificuldade em acreditar. Tais dificuldades sempre serão experimentadas enquanto Shin for estudado em termos de sua teologia, pois para qualquer um, exceto um cristão, pareceria mero pensamento ilusório. Pois isso equivale ao seguinte: é possível tornar-se virtualmente um Buda por pura fé. De acordo com Suzuki:

> Nascer na Terra de Amida nada mais é do que alcançar a iluminação – os dois termos são inteiramente sinônimos. O fim último da vida Shin é iluminação e não salvação[16].

Assim, os devotos de Shin referem-se a seus mortos como *Mi hotoke*, ou "Honoráveis Budas". Mas, assim que examinamos a *psicologia* de Shin como distinta de sua *teologia*, torna-se possível relacioná-la às mais profundas experiências do Mahayana como expressas, por exemplo, no *Lankavatara-sutra* e em alguns dos escritos de mestres zen, sobretudo *Lin-chi-lu* (em japonês, *Rinzai-roku*). Pois temos que perguntar não no que Shin acredita, mas quais são as causas e resultados dessa crença em termos de sentimento interior, daquelas experiências espirituais interiores que jamais podem ser comunicadas apenas por palavras.

Por exemplo, consideremos o caso de qualquer pessoa agudamente consciente de suas deficiências, seus medos, desejos e paixões, sua falta de discernimento e de qualquer senso de união ou harmo-

---

15 *Tannisho*. Trad. De Ryukyo Fujimoto. Kyoto, 1932, p. 10.

16 SUZUKI, D.T. *Eastern Buddhist*, VII, p. 264. Por "salvação" Suzuki entende simplesmente nascer no Paraíso de Amida após a morte, usando a palavra em seu sentido escatológico, em vez de místico. Neste último sentido, a salvação seria quase sinônimo de Iluminação.

nia com a vida do universo – de fato, precisamente um homem como Shinran. Então, alguém lhe diz que, se ele ao menos abrir os olhos e enxergar isso, ele é um Buda (é salvo por Amida) do jeito como ele é, e que qualquer tentativa de se tornar um Buda por sua própria capacidade é rematado orgulho espiritual. Ao adotar o jiriki, ele está ignorando o que lhe é oferecido desde o início pelas leis do universo, e está tentando fabricá-lo para si mesmo, de modo que possa receber o crédito por tê-lo conquistado. Quando dizemos que um homem é um Buda exatamente como ele é, o que isso significa em termos de psicologia? Isso significa que ele é divino ou *fundamentalmente aceitável* assim como ele é, seja santo ou pecador, sábio ou tolo. Na linguagem amidista, diríamos que ele é aceito para o nascimento na Terra Pura pela compaixão de Amida, que é "não fazer acepção de pessoas" – em outras palavras, que o homem recebe o senso de liberdade para ser o que ele é neste e em qualquer momento, livre para ser o melhor e o pior que há nele. Isso resulta ao mesmo tempo em um grande relaxamento da tensão psíquica. Todo esforço e planejamento autônomo (*hakarai*) é posto de lado quando se percebe que o estado de Buda não pode ser alcançado nem eliminado, porque por si só *é*. Pois, no não dualismo Mahayana, o princípio de Buda, Tathata (Talidade), *não tem* oposto e é a única Realidade. E enquanto o *Anjin-ketsujo-sho* diz que Amida efetuou nosso renascimento na Terra Pura "mesmo antes da realização em si", o *Lankavatara-sutra* afirma que, se eles se dessem conta, todos os seres estão no Nirvana desde o começo. Aqui estão duas doutrinas, mas apenas uma experiência psicológica.

Em termos práticos, essa experiência é de uma revigorante liberdade espiritual, chegando quase à santificação da vida cotidiana e ordinária. Pois, quando o homem se sente livre para ser tudo que é, há magia no menor dos atos e pensamentos. Assim, o poeta zen Hokoji diz:

> Como é maravilhosamente estranho e milagroso – puxar água e carregar lenha.

Não se pode resistir a citar Herbert do ponto de vista cristão:

> Todas as coisas de ti participam; Nada pode ser tão mau,
> Que com a tintura "Pelo teu Amor" não vá crescer brilhante e limpo.
> Um servo com tal preceito torna a labuta divina;
> Quem por tuas leis varre um chão se agrada da obra...
> Esta é a famosa pedra que a tudo transforma em ouro:
> Pois daquele a quem Deus toca e possui não se pode dizer menos.

Esta experiência pode ser esclarecida e relacionada mais de perto com o caminho do *jiriki* por meio de uma análise mais aprofundada do *Lankavatara-sutra* e dos escritos de certos mestres zen. Agora ficará claro que a fé de Shinran tem o direito de ser considerada Mahayana filosófica expressa em imagens bastante coloridas e simbólicas, embora pareça ser um tanto dualista na concepção. O Mahayana filosófico não permitiria o dualismo do eu e do outro, do homem e Amida; mas, se for seguido o suficiente, Shin chega à experiência do que o Mahayana declara em filosofia – embora a não dualidade completa esteja na verdade além de uma descrição filosófica. Além disso, o *Lankavatara-sutra* insiste que o Samsara, o mundo da vida e da morte, é o Nirvana, e o Samsara tal como é, com toda a sua dor e sofrimento. Assim, também, Shinran insiste que somos salvos por Amida assim como somos, com todas as nossas imperfeições. Em outras palavras, os homens comuns são Budas exatamente como são e, de acordo com Hui-neng, da escola zen, aqueles a quem chamamos de Budas são simplesmente os que entendem essa verdade. Dessa forma, com frequência é observado na literatura zen que o "pensamento comum" ou "mente cotidiana" do indivíduo é a Iluminação (satori). Cito uma passagem peculiarmente sugestiva do *Rinzai-roku*:

> Você não deve ser astucioso. Seja seu eu normal... *Você mesmo como você é – esse é o Dharma do Buda.* Eu fico em pé ou me sento; eu me

visto ou eu como; eu durmo quando estou cansado. O ignorante me ridicularizará, mas o sábio entenderá[17].

E mais adiante o texto afirma: "Por isso é dito que a mente cotidiana é a verdadeira lei".

Suzuki traduz outra passagem deste texto para o mesmo efeito; aqui o *Rinzai* diz:

> O homem verdadeiramente religioso não tem nada a fazer senão continuar com sua vida como ele a encontra nas várias circunstâncias desta existência terrena. Ele se levanta em silêncio pela manhã, veste sua roupa e sai para o trabalho. Quando quer andar, ele anda; quando quer se sentar, ele se senta. Não anseia pelo estado de Buda, não tem o mais remoto pensamento a respeito dele. Como isso é possível? Um homem sábio de outrora diz: Se você se empenha a buscar o estado de Buda por quaisquer maquinações conscientes, seu Buda é de fato a fonte da transmigração eterna[18].

Esse tipo de escrito é muito facilmente mal compreendido, pois alguém naturalmente perguntaria: "Se a vida cotidiana é Nirvana e os pensamentos comuns são Iluminação, de que se trata o budismo, e o que ele pode nos ensinar, além de continuar vivendo exatamente como estávamos fazendo?" Antes de tentar responder a isso, devemos citar dois *mondo*, ou diálogos zen. O primeiro é do *Mumonkan* (XIX):

> Joshu perguntou a Nansen: "O que é o Tao?" "A vida habitual", respondeu Nansen, "é o próprio Tao". "Como podemos estar em harmonia com ele?" "Se você *tentar* estar em harmonia com ele, você se afastará dele"[19].

Isso se assemelha muito à psicologia pura do *tariki*. Então, Suzuki oferece o seguinte de Bokushu (Mu-chou):

---

17 *Essays in Zen Buddhism*, 11, p. 260.
18 Sigo a tradução de Sohaku Ogata: *Essays in Zen Buddhism*, 1, p. 12.
19 Tradução de Suzuki, p. 186.

Um monge lhe perguntou: "Temos que nos vestir e comer todos os dias, e como podemos escapar de tudo isso?" Bokushu respondeu: "Nós nos vestimos, nós comemos". "Eu não entendo." "Se você não entende, vista sua roupa e coma sua comida."

Evidentemente, a pergunta do monge envolve muito mais do que vestir e comer, o que representa a vida no Samsara como um todo – "as trivialidades, a tarefa comum".

Aplicando filosofia a essa linguagem mais direta, descobrimos que os mestres zen estão demonstrando que o samsara, tal como é, é o Nirvana, e que o homem, assim como ele é, é Buda. O zen não o diz como regra, porque os termos *Nirvana* e *Buda* são conceitos que não movem a alma profundamente e levam facilmente ao mero intelectualismo. O Zen quer que *sintamos* a não dualidade, não apenas que a pensemos, e, portanto, quando dizemos: "O Nirvana é o Samsara", estamos unindo duas coisas que nunca precisaram ser unidas. Pois tanto o Zen como o Shin visam, de diferentes maneiras, produzir um estado psicológico ou espiritual que mova todo o ser, não apenas a cabeça. Eles estão tentando nos libertar dentro de nós mesmos e nos deixar à vontade conosco e com o universo em que vivemos. Essa liberdade é percebida no momento em que desistimos de "planejar" e nos aceitamos como somos, mas não me parece que a experiência possa ser eficaz a menos que tenha havido primeiro um estado de planejamento e esforço. No Zen, isso é autodisciplina; no Shin, é chegar a uma consciência aguda da insuficiência do indivíduo através de uma tentativa anterior de autodisciplina. É difícil ver como a experiência do Shin pode ser totalmente apreciada, a menos que, como Shinran, a pessoa tenha tentado antes o caminho do *jiriki*. O perigo de continuar no caminho do jiriki é que o indivíduo pode facilmente tornar-se vítima do orgulho espiritual, esperando *tornar* a si mesmo um Buda; o perigo do caminho *tariki* é que a experiência pode vir tão facilmente que seu verdadeiro significado não é visto e sua força não é percebida.

A liberdade espiritual, no entanto, envolve muito mais do que prosseguir vivendo exatamente como você vivia antes. Envolve um tipo particular de alegria, ou o que os budistas chamam de suprema felicidade (*ananda*). É a descoberta de que, para estar em harmonia com o universo, para expressar o Tao, o indivíduo só tem que viver, e quando isso é totalmente compreendido, torna-se possível viver a vida com um gosto e um entusiasmo e despreocupação peculiares.

Não há mais nenhum obstáculo para pensar e sentir; você pode deixar sua mente ir em qualquer direção que a agrade, pois todas as direções possíveis são aceitáveis, e você pode se sentir livre para se entregar a qualquer uma delas. Em nenhum lugar existe qualquer possibilidade de escapar do princípio da não dualidade, pois "você mesmo como você é – é Buda Dharma". Nesse estado não pode haver orgulho espiritual, pois união ou identidade com o princípio de Buda não é algo alcançado pelo homem; já está alcançado para ele desde o início dos tempos, assim como o sol se elevou para lhe dar luz e vida.

No entanto, na vida do espírito, é muito mais difícil receber do que dar; muitas vezes, é um golpe muito grande para o orgulho humano ter de aceitar de Amida, de Deus ou da vida o que seria muito mais notável conseguir por si mesmo. Em termos do Shin, devemos dizer que o significado da liberdade é que você pode ter qualquer tipo de pensamento, ser qualquer tipo de pessoa, e fazer qualquer tipo de coisa sem nunca ser capaz de se afastar do amor e da generosidade universais de Amida. Você é livre para fazer o que quiser e também o que não quiser, ser livre e estar preso, ser um sábio e ser um tolo. Em nenhum lugar existem obstáculos para a atividade espiritual. Ao mesmo tempo, há uma intensa consciência da alegria dessa atividade; sentimo-nos impelidos a exercitá-la e sentir o êxtase dessa entrega, justo como imaginamos que um pássaro deve se sentir lá no alto, livre para voar, voar para o norte, sul, leste ou oeste, para circular, subir, arremeter ou pairar. Pois "o vento sopra onde quer, e ouves a sua voz; mas não sabes donde vem, nem para onde vai; assim é todo aquele que é nascido do Espírito". Ou, na linguagem mais prosaica de um mestre zen, "não há estradas secundárias, nem encruzilhadas aqui. Durante o ano todo as colinas estão frescas e verdes; leste ou oeste, em qualquer direção você pode ter uma boa caminhada".

Permanece o problema moral. Numa compreensão superficial, a liberdade da não dualidade parece ser um convite à libertinagem do tipo mais flagrante. Em termos de filosofia, os sutras Mahayana afirmam francamente que o princípio da não dualidade está além do bem e do mal, e que a sua conquista não tem uma conexão essencial com a moralidade. E a moralidade aqui inclui todos os tipos de obras, tanto sociais quanto espirituais. Certamente os sutras falam de *sila*, ou moralidade, como um dos estágios necessários, mas às vezes parece que sila era defendida simplesmente como uma salvaguarda contra o mau uso do enorme poder amoral do conhecimento supremo. Assim, o *Lankavatara-sutra* diz:

> Na realidade última, não há gradação nem sucessão contínua; [somente] a verdade da solidão absoluta (viviktadharma) é ensinada aqui, na qual a discriminação de todas as imagens é silenciada. [...] Mas [do ponto de vista absoluto] o décimo estágio é o primeiro, e o primeiro é o oitavo; e o nono é o sétimo e o sétimo é o oitavo... que gradação existe onde a falta de imagem prevalece?[20]

Em outra passagem, lemos:

> Algum dia todos e cada um serão influenciados pela sabedoria e pelo amor dos Tathagatas da Transformação para acumular um estoque de mérito e galgar os estágios. Mas, se eles simplesmente perceberam isso, eles já estão no Nirvana do Tathagata, pois, na Nobre Sabedoria, todas as coisas estão no Nirvana desde o começo.

---

20 Yeh-hsien. SUZUKI, D.T. *The Training of the Zen Buddhist Monk*. Kyoto, 1934, p. 83.

Uma declaração ainda mais forte da filosofia será encontrada no *Sutra Saptasatikaprajnaparamita*:

> Ó Sariputra, cometer as ofensas é alcançar os inconcebíveis, alcançar os inconcebíveis é produzir a Realidade. E a Realidade é não dual. Aqueles seres dotados dos inconcebíveis não podem ir aos céus, nem aos maus caminhos, nem ao Nirvana. Aqueles que cometem as ofensas não estão destinados aos infernos. Tanto as ofensas quanto os inconcebíveis são da Realidade, e a Realidade é, por natureza, não dual. [...] No verdadeiro Dharmadhatu (Reino da Lei) não há nada de bom ou ruim, nada de alto ou baixo, nada antes ou depois. [...] Bodhi (Iluminação) são as cinco ofensas e as cinco ofensas são Bodhi. [...] Se há alguém que considera Bodhi como algo alcançável, algo em que a disciplina é possível, esse alguém comete arrogância[21].

Aqui, além de uma afirmação inequívoca de não dualidade, há novamente um exemplo da psicologia *tariki*, falando da arrogância de se esforçar para atingir Bodhi pela disciplina.

O Mahayana não disfarça o fato de que sua sabedoria é perigosa e sabemos que os monges das escolas de jiriki são submetidos a disciplinas rígidas apenas para pré-condicioná-los contra o abuso de conhecimento, o que, infelizmente, é uma ocorrência bastante frequente. Mas parece que tal abuso só é possível quando a experiência da liberdade é debilmente apreciada ou mal compreendida. Estranhamente, embora a experiência em si e a coisa experimentada (Tathata) sejam não duais e além do bem e do mal, o resultado de uma experiência verdadeiramente profunda é a moralidade. Shinran fala muito fortemente contra aqueles que fazem uso do voto de Amida e, em seguida, vão se comportando de maneira tão imoral como sempre. Ele os compara àqueles que, por terem encontrado um antídoto para um veneno, simplesmente continuam a tomá-lo. Mas essa é uma forma negativa de encarar o problema.

---

21 *Saptasatika*, p. 232-234. SUZUKI, D.T. *Essays in Zen Buddhism*, vol. 11, p. 251-252n.

Do ponto de vista positivo, o Shin diria que a compaixão de Amida por nós e por todos os outros seres, quando realizada, provoca uma compaixão correspondente em nós mesmos. Em termos de Mahayana filosófico, devemos dizer que, tendo entendido que nós e todas as criaturas são Budas, nós, portanto, as tratamos com a reverência devida ao princípio de Buda.

Um segundo fator que contribui para a moralidade é a gratidão sentida pela liberdade de ser tudo de si mesmo, uma gratidão tão profunda que os homens muitas vezes renunciarão a parte dessa liberdade como uma oferta de gratidão. Obviamente, há mais oportunidades para esse sentimento de gratidão crescer quando a Realidade Suprema é personalizada na forma de Amida. Do ponto de vista filosófico, não há base real para a gratidão, porque na não dualidade não há doador nem receptor. Daí o perigo de um entendimento meramente filosófico. Mas do ponto de vista emocional, parece haver todos os motivos para gratidão. Ao descobrir a liberdade de ser tudo de si mesmo, o indivíduo tem uma experiência semelhante ao perdão cristão dos pecados; por mais negra que seja a sua alma, ela não está fora do amor de Deus, que é tão onipresente quanto o próprio Deus, e, nesse sentido, vale a pena citar uma passagem notável da obra de um teólogo católico:

> Pois nunca estamos realmente fora de Deus nem Ele fora de nós. Ele está mais conosco do que nós mesmos. A alma está menos intimamente com o corpo do que Ele está em nossos corpos e almas. Ele flui para dentro de nós, ou estamos nele como o peixe no mar. Usamos Deus, se podemos ousar dizê-lo, sempre que praticamos um ato de nossa vontade e quando levamos a cabo um propósito. Ele não nos deu simplesmente clareza de mente, ternura de coração e força nos membros como dádivas que podemos usar independentemente dele uma vez que Ele as conferiu a nós. *Mas ele distintamente permite e realmente concorda com todo uso delas* no pensar, amar e agir. Este afluxo e concurso de Deus como os teólogos caracterizam, deve nos dar a vida toda a sensação de estar em um terrível santuário, onde toda visão e som é de adoração.

*Isso confere um caráter peculiar e fantástico aos atos de pecado* [...]. Tudo é penetrado por Deus, enquanto Sua inexprimível pureza é toda imaculada, e Sua adorável simplicidade é misturada com aquilo que ele intimamente permeia, ilumina, anima e sustenta. Nossas ações mais comuns, nossas recreações mais despreocupadas, as liberdades em que mais relaxamos – todas essas coisas acontecem e são transacionadas, não tanto na terra e no ar, como no seio do Deus onipresente[22].

Há pontos importantes em que as palavras de Faber divergem da filosofia Mahayana, pois, no cristianismo, Deus é essencialmente Outro. Mas, na medida em que a doutrina é um símbolo da experiência interior, não vejo diferença importante entre o sentimento interior sugerido pelas palavras de Faber e o sentimento interior do budismo Mahayana, especialmente nos cultos amidistas. Assim, a experiência da liberdade ou da Iluminação é como descobrir uma joia incomensuravelmente preciosa nos menores atos e pensamentos inferiores. Descobre-se onde todas as joias são encontradas – nas profundezas da terra ou jazendo na lama. Aqueles que apreciam joias não as deixam lá; arrancam-nas das profundezas, dão-lhes polimento, colocam-nas sobre veludo ou incrustam-nas em ouro. Este polimento e adorno é o nosso símbolo de moralidade, a expressão da nossa alegria e gratidão em perceber que: "Esta mesma terra é a Terra do Lótus da Pureza, e este mesmo corpo é o corpo de Buda"[23].

É interessante notar aqui que uma importância considerável é dada à veneração na escola zen, que, filosoficamente, é a forma mais inconoclástica do budismo. Talvez haja uma pista para a aparente incoerência entre veneração e não dualidade no seguinte incidente do *Hekigan-roku*:

---

22 FABER, F.W. *The Creator and the Creature*. Baltimore, 1853, p. 65 – grifos nossos.

23 Do *Song of Meditation*, de Hakuin (1683-1768), um dos mais famosos mestres zen japoneses.

Huang-po (japonês, Obaku) declarou: "Eu simplesmente venero Buda. Eu não peço nada a Buda. Eu não peço nada a Dharma. Eu não peço nada a Sangha". Alguém então disse: "Você não pede nada a Buda. Você não pede nada a Dharma. Você não pede nada a Sangha. Para que serve, então, sua devoção?" Com essa observação, Huang-po deu-lhe uma bofetada no rosto![24]

O sentimento budista de veneração e gratidão é mais notavelmente expresso, no entanto, no ideal do Bodhisattva, baseado em uma profunda intuição da unidade básica de todas as criaturas e coisas. Aqueles que, tendo atingido a Iluminação, não se tornam Bodhisattvas, ajudantes do mundo, são chamados de *pratyeka-buddhas*, que, na filosofia Mahayana, é quase um termo ofensivo. Eles não estão dispostos a compartilhar sua experiência de liberdade com seus outros eus e, estritamente falando, a Iluminação não é Iluminação a menos que seja compartilhada e passada adiante. Não é propriedade de ninguém, e aqueles que tentam guardá-la si não entendem isso. Ajuda, moralidade e gratidão são nossa resposta *como homens* a uma dádiva à qual não podemos responder *como Budas*. O princípio do Buda está além da moralidade, mas o princípio humano não. Do ponto de vista da não dualidade, esses dois princípios são um; no entanto, o que é tão frequentemente negligenciado no estudo do Mahayana é que, do *mesmo* ponto de vista, são dois. Pois a não dualidade não exclui nada; contém tanto unidade e diversidade, um e muitos, identidade e separação. O budismo japonês expressa isso na fórmula *byodo soku shabetsu, shabetsu soku byodo* – unidade na diversidade e diversidade na unidade. Por essa razão, filosoficamente, moralmente e espiritualmente, o budismo é chamado de Caminho do Meio.

---

24 Sigo a versão do Kaiten Nukariya. Cf. seu *Religion of the Samurai*, p. 96. Buda, Dharma e Sangha (o Buda, a Lei e a Ordem dos monges) são os Três Refúgios (*trisharana*) tomados por todos os budistas.

## O AMANHÃ NUNCA VEM

**Quando dizemos que todas as coisas no universo** são a atividade criativa de Deus, isso na verdade é como colocar pernas em uma cobra ou pintar o reflexo em um espelho. Não se pode comparar com ver essa atividade como ela é, embora digamos que é atividade de Deus chamar a atenção para ela de uma determinada maneira. Mas o problema é que as pessoas gastam tanta energia procurando Deus que não conseguem ver a atividade, o que certamente é um triste estado de coisas. O que é essa atividade? Os rios fluem; as flores florescem; você caminha na rua. Realmente, não deveríamos dizer mais do que isso, mas às vezes é chamado atividade de Deus apontar um certo entendimento para o tipo de pessoa que poderia retrucar, "os rios fluem; as flores florescem; você caminha na rua: e daí?"

E daí? Bem, o que mais você está procurando? Aqui está alguém que se farta na mercearia e ainda reclama que está morrendo de fome. Mas a palavra e conceito *Deus, Brâman, Tao* ou o que você quiser, realmente foi apresentado a tais estômagos ingratos. É um jeito de enfatizar a vida real para chamar a atenção para ela da mesma forma como sublinhamos as palavras ou as colocamos em itálico. Assim, chamamos o universo de atividade de Deus para induzir o sujeito que pergunta "e daí?" a prestar alguma atenção e reverência ao universo, porque ele sempre leva a vida em disparada em vez de saboreá-la com vagar e gratidão. Ele sempre pensa na segunda e terceira fatias de bolo enquanto está comendo a primeira, e assim nunca está satisfeito com nenhuma delas, e termina com uma indigestão. Isso se chama o círculo vicioso de almoçar no café da manhã ou viver para o futuro. Mas o amanhã nunca vem.

A neve está caindo no peitoril da janela. Isso é a atividade de Deus? Talvez. Mas se alguém a observar *a fim de* ver Deus, certamente ficará desapontado. "Nenhum homem viu a Deus". Não, e em busca de Deus ele pode deixar de ver a neve. "Tu és Brâman!". Mas se você olhar para si mesmo *a fim de* encontrar Brâman, ficará muito desapontado de fato. No entanto, todo esse problema começou porque as pessoas levaram um simples recurso longe demais. A ideia de Deus é um dedo apontando o caminho para a Realidade, mas quando as pessoas tentam unir Deus e Realidade, identificar um com a outra, para encontrar o primeiro na segunda, estão tentando unir duas coisas que nunca tiveram necessidade de serem unidas. Isso é como tentar fazer os olhos verem a eles próprios.

No entanto, como chegamos ao estado em que observar a neve cair é tão uníssono com Deus que apresentar a ideia de Deus é tão desnecessário quanto colocar tinta vermelha nas rosas? Por que toda essa pressa para chegar a um estado? Você já não está vendo a neve? Você já não está frente a frente com o eterno mistério? Acalme-se um instante; apenas observe a neve caindo ou a chaleira fervendo, e não se apresse tanto. O que há de errado em observar a neve ou a chaleira que leve alguém a querer chegar a um estado? É possível que qualquer idiota medíocre possa fazer isso tão bem quanto, mas por que ele não pode fazer melhor do que isso? Quão esplêndida é a ignorância dele! Como as pedras, a grama e o vento, ele tem a Iluminação sem saber e não consegue apreciar a boa sorte que tem. No entanto, ele também é um dos que dizem "e daí?", pois é isso que pergunta quando outros vão em busca de Deus. Ele não é livre para observar a neve porque não consegue fazer nada mais além disso, e especialmente porque não aprecia sua liberdade.

Mas você é livre para abandonar-se à vida real e saber que viver em Deus é outro nome para essa entrega, para observar a neve e caminhar pela rua. E você é livre não apenas porque já foi um dos que perguntam "e daí?", mas também porque viveu nessa entrega o tempo todo, embora sem saber. Se você realmente tivesse que entrar nesse abandono, chegar a um estado de entrega em que antes não estava, não estaria livre, pois isso envolveria *ir a algum lugar*, chegar amanhã a um lugar onde você não estava ontem. E o amanhã nunca vem.

Você diz que não sente esse abandono agora. O que você espera sentir? Não é um sentimento; é sentir. Não é um pensamento; é pensar. Se fosse um pensamento ou sentimento particular, seria possível entrar e sair disso; mas Deus é Um e abarca tudo, e aqui não pode haver entrar e sair, dentro ou fora. Mais do que isso, o grande abandono da Iluminação não depende nem mesmo de sentir e pensar, consciência ou inconsciência, viver ou morrer. Como o verso diz:

> Isso você não pode descrever, nem pintar,
> Nem sequer admirar ou sentir.

É o seu verdadeiro eu, que não tem esconderijo. Destrua o universo e ele permanece. Não, você não pode senti-lo – mas então como é que você pode saber qualquer coisa sobre ele? Porque você pode *usá-lo* e sentir o seu uso, assim como "o vento sopra onde quer, e ouves a sua voz; mas não sabes donde vem, nem para onde vai". Como é sentir o seu uso? Isto é revelado em outro verso:

> De repente, o ar frio estremece:
> Sozinho, em voz alta,
> Um verso de sinos ganha asas.
> E voa com as nuvens.

# O QUE É REALIDADE?

**As pessoas costumam dizer que estão procurando** pela Realidade e que estão tentando viver. Eu me pergunto o que isso significa?

Algum tempo atrás, um grupo de pessoas estava sentado em um restaurante, e uma delas pediu às outras que dissessem o que entendiam por Realidade. Houve muita discussão vaga, muita conversa sobre metafísica e psicologia, mas um dos presentes, quando solicitaram sua opinião, simplesmente encolheu os ombros e apontou para o saleiro. Ele ficou surpreso ao descobrir que ninguém o entendeu, embora não pretendesse parecer inteligente nem enigmático. Sua ideia era apenas dar uma resposta de senso comum para a questão, na banal suposição de que a Realidade é o que quer que exista. Ele não foi compreendido porque seus amigos, assim como muitos outros, consideravam a Realidade como um tipo especial de existência e a Vida (com V maiúsculo) como um modo particular de viver. Deste modo, muitas vezes nos deparamos com aqueles que discorrem sobre a diferença entre ser um simples torrão, um mero "estômago animado" e uma pessoa *real*; entre aqueles que simplesmente existem e aqueles que realmente vivem.

Na filosofia chinesa, a vida é chamada *Tao*, e os chineses falam do sábio como alguém que percebe (torna real para si mesmo) sua conformidade e harmonia com o Tao. Assim sendo, pergunta-se se Tao significa Vida no sentido da simples existência, ou se Tao é Vida vivida de maneira especial, vivida perfeitamente, por completo, com vigor e com um certo entusiasmo nascido da alegria de estar vivo.

A resposta a esta questão depende unicamente do motivo pelo qual ela é solicitada. Vamos ver o que os próprios chineses dizem sobre isso.

Um aluno perguntou ao professor:

– O que é o Tao?

Ele respondeu:

– A vida habitual é o Tao.

– Como – prosseguiu o aluno – podemos estar em harmonia com ele?

– Se você tentar estar em harmonia com o Tao, você se afastará dele.

De fato, todos nós conhecemos alguns que estão se esforçando muito para serem pessoas reais, para dar às suas vidas Realidade (ou significado) e para viverem em vez de simplesmente existirem. Esses buscadores são de vários tipos, eruditos ou incultos, que vão desde estudantes de sabedoria arcana até o público de palestrantes populares sobre entusiasmo e personalidade, como vender a si mesmo e transformar sua vida em um sucesso. Eu nunca conheci ninguém que *tentou* se tornar uma pessoa real e obteve êxito. O resultado de tais tentativas é invariavelmente a perda de personalidade, pois há um antigo paradoxo da vida espiritual, por meio do qual aqueles que tentam se tornar grandes tornam-se pequenos. O paradoxo é até um pouco mais complicado do que isso; também significa que, se você tentar, indiretamente, tornar-se grande tornando-se pequeno, só conseguirá permanecer pequeno. É tudo uma questão de motivo, do que você quer. Motivos podem ser sutilmente ocultados, e podemos não chamar o desejo de ser uma pessoa real de desejo de ser grande; mas isso é apenas uma questão de palavras.

Tantas religiões e psicologias modernas cometem esse erro fundamental de tentar fazer o rabo abanar o cachorro, que é o que a busca pela personalidade representa. O bom e velho cristianismo nunca foi tão estúpido, pois seu objetivo jamais foi alcançar grandeza (ou grande personalidade) para o homem. Seu objetivo era simplesmente servir a

Deus e atribuir toda a grandeza a Ele. Mas, hoje em dia, muitas pessoas sentem-se incapazes de acreditar no Deus cristão, e seus substitutos mais abstratos não conseguem inspirar devoção e reverência genuínas. Então, voltamos à pergunta original: "O que, então, é Vida?; o que é Realidade, que possa nos inspirar com devoção?" Se nós a considerarmos como um modo particular de viver ou como um tipo particular de existência e conceder nossa devoção a *isso*, o que estamos fazendo? Estamos reverenciando sua expressão em grande personalidade, no comportamento daqueles a quem consideramos "pessoas reais". Mas aqui está o problema. Quando reverenciamos a personalidade real nos outros, somos sujeitos a nos tornar meros imitadores; quando reverenciamos isso como um ideal para nós mesmos, eis aqui o velho problema de querermos nos tornar grandes. É tudo uma questão de orgulho, pois se você reverencia a Vida e a Realidade somente em determinados tipos de vida pessoal, você nega a Vida e a Realidade a coisas tão humildes como, por exemplo, saleiros, partículas de poeira, vermes, flores e a grande massa impenitente da raça humana. Isso nos lembra a oração do fariseu, agradecendo a Deus por não tê-lo feito pecador como os outros homens. Mas uma Vida, uma Realidade, um Tao que pode ser ao mesmo tempo um Cristo, um Buda, um Lao-tzu e um tolo ignorante ou um verme, isso é algo realmente misterioso e maravilhoso e realmente merece devoção se você considerar isso por um instante.

As escrituras budistas dizem: "Quando todas as fases da nossa mente estão em harmonia com a mente de Buda, não haverá um átomo de poeira que não entre na condição do Buda desperto". Porque a Vida e a Realidade não são coisas que você possa ter para si mesmo, a menos que você as conceda a todos os outros. Assim como o sol, a lua e as estrelas, elas não pertencem apenas a determinadas pessoas.

# O NASCIMENTO DO DIVINO FILHO

## *Estudo de um símbolo cristão*

**MESMO PARA O AGNÓSTICO, A HISTÓRIA DA DIVINA ENCARNAÇÃO** deve continuar sendo uma das lendas mais fascinantes que o passado nos legou. Embora geralmente aceito como uma história cristã, é um dos mitos mais antigos da raça humana, algo tão enraizado nas fundações do pensamento que nenhum mero ceticismo intelectual pode removê-lo. Porque a razão opera somente na superfície da mente, e por mais puramente racional que um homem possa se imaginar, quando dorme ele é pego de surpresa pelos pensamentos que acredita terem desaparecido. Em seus sonhos, os antigos mitos aparecerão novamente e provarão que existe uma região da alma da qual ele nada sabe e sobre a qual não tem controle. O poder da Igreja Católica reside justamente no fato de que, mais do que qualquer outra crença ocidental, ela reverencia esses símbolos mitológicos que agitam as profundezas do pensamento e do sentimento. O racionalismo científico pode alterar a superfície, pode revestir o espírito com uma roupagem diferente, pode fazê-lo desempenhar outro papel. Mas o resultado é apenas *atuação*, um fingimento, um espetáculo teatral exterior, contra o qual o ser interior se rebela e que provoca aqueles graves conflitos mentais que distanciam o homem da vida.

A Igreja, no entanto, mostra-se muitas vezes inadequada para curar a doença espiritual do homem moderno, porque ele acha impossível acreditar em sua interpretação exclusiva desses símbolos antigos.

Porque para aqueles que são *capazes* de acreditar, a Igreja é satisfatória, menos por causa dessa interpretação do que pelos próprios símbolos. Seja o que for que podemos ler neles, eles parecem reter um poder que nenhum mal-entendido pode destruir. Assim, a falácia do ceticismo moderno é que, ao rejeitar as doutrinas da Igreja, rejeitou também os símbolos e, assim, podemos dizer sem meias palavras, jogou fora o bebê junto com a água do banho. No entanto, a referência ao bebê é particularmente apropriada, porque o que talvez seja o mais importante desses símbolos diz respeito ao bebê, o Divino Filho "concebido do Espírito Santo e nascido da Virgem Maria". A atenção da Igreja com frequência tem sido atraída para a inconveniente ocorrência dessa mesma história em outras religiões mais antigas como, por exemplo, na lenda de Maia e Buda, e de Ísis e Hórus. Ao que os padres eruditos respondem com desculpas um tanto esfarrapadas, apelando para aquele *demônio ex machina*, o Diabo, dando a entender que ele introduziu a história em outras religiões para confundir os fiéis. Ou, por outro lado, eles sugerem que a Graça de Deus transmitiu uma parte da suprema Verdade aos pagãos para que eles pudessem estar preparados para a Revelação Cristã – uma sugestão que é ao mesmo tempo mais superficial e mais profunda do que seus autores pretendem. Pois cria o embaraçoso e perigoso precedente de a Graça de Deus sendo transmitida por outros meios que não a Igreja, e parece tanto uma preparação para a conversão dos pagãos quanto para o ceticismo da ciência. E se o argumento fosse seguido até sua conclusão lógica, terminaria naquela difícil questão da identidade de Deus e do diabo, pois o que para um é uma fonte de graça, para o outro é uma fonte de tentação.

    Mas antes de abordar o significado essencial da Encarnação, é interessante notar várias correspondências importantes e sugestivas. No terceiro capítulo do Evangelho de São João, Jesus disse que para um homem entrar no Reino de Deus ele deveria renascer da Água e do Espírito. Além disso, no primeiro capítulo de Gênesis, diz-se que antes da criação do mundo o Espírito se movia sobre a face das águas. Parece, portanto, que esses dois elementos, água e espírito, são necessários para a Criação Divina, seja a criação de um universo ou de um filho de Deus. Assim, é interessante indagar se esses dois elementos estavam relacionados com o nascimento daquele Filho de Deus em particular que é chamado de Jesus Cristo. Ao mesmo tempo, de acordo com o ensino ortodoxo, encontramos o espírito – o Espírito Santo. Não pode ser inteiramente acidental que exista uma grande semelhança entre *Maria* e *mare*, a palavra em latim para "mar" (*Maria* é a forma grega), enquanto outras palavras significativas que derivam da mesma raiz sânscrita "*ma*" são *Maya* (a mãe de Buda, significando também o mundo da forma, dos fenômenos), *mater* (mãe) e o termo *matéria* (em inglês, *matter*). Em todas as cosmogonias antigas, a água é o símbolo da matéria que, em união com o espírito, produz o mundo da forma. E assim como o espírito é ativo e masculino, a água é passiva e feminina. Assim sendo, figurativamente, a água é a mãe do mundo e, a partir disso, podemos entender que a história da Encarnação pode ter um grande número de significados igualmente verdadeiros. No plano da cosmogonia, representa o nascimento do mundo a partir da união do espírito com a matéria virgem, o plantio da semente da vida em solo intocado. Mas seu significado mais importante está relacionado com o desenvolvimento espiritual do homem, com a ideia do Segundo Nascimento, com a percepção de que nascendo de novo, o homem impenitente pode se tornar Cristo, Filho de Deus e Filho do Homem.

A ignorância e as trevas espirituais são o resultado de se estar envolto em um dualismo, um conflito entre opostos, seja divino e humano, o eu e o mundo, consciente e inconsciente. Esta é a condição na qual quase todo homem se encontra ao despertar para a autoconsciência. Há uma oposição entre nós mesmos e o universo em que vivemos e a sociedade a que pertencemos, pois repetidas vezes achamos que as exigências da vida estão em conflito com os desejos pessoais. Por isso, há uma tendência a atrair tudo para nós mesmos, a nos estabelecermos em uma fortaleza e a levar para dentro de seus muros quaisquer coisas na vida que particularmente desejamos. É como se alguém tentasse selecionar certos aspectos do caráter da esposa, dos filhos ou dos pais, separá-los do todo e preservá-los em um isolamento imutável. Ou como tentar persuadir o tempo a ser sempre ensolarado e quente ou, melhor ainda, como pegar um corpo humano e separar as partes bonitas das feias com o resultado de que ambas morrem. Porque essa separação, esse isolamento do eu da vida só pode produzir infelicidade e morte espiritual. Apartado da vida, o eu é tão insignificante quanto uma nota solitária tirada de uma sinfonia, tão morto quanto um dedo cortado da mão e tão estagnado quanto o ar capturado do vento e fechado em uma sala. O mesmo também pode ser dito de qualquer pessoa, ideia, objeto ou qualidade que o eu tente apreender e manter como propriedade exclusiva. Por outro lado, o inverso dessa posição é igualmente infrutífero. Se o eu é completamente dominado pelo mundo ou totalmente absorto em Deus ou na comunidade, então é tão inútil quanto um corpo que é um único membro, tão monótono quanto uma melodia de uma nota só (ou todas as notas concebíveis tocadas num tumulto geral), e tão absurdo quanto uma imagem que não tem nenhuma cor nem forma particular.

Mas entre esses dois opostos, o eu e o universo, pode haver uma união – não uma fusão como a da água misturada ao vinho, mas como a união entre homem e mulher, na qual ambos opostos conservam sua individualidade e ainda assim produzem fruto na forma de uma criança. Imagina-se, com frequência, que o objetivo do misticismo é revelar a identidade de todas as coisas separadas, negar por completo toda existência individual e encontrar a Realidade Una, cuja multiplicidade de expressão é apenas o resultado da ilusão. Mas há um velho ditado budista: "Para aquele que nada sabe sobre o budismo, montanhas são montanhas, águas são águas e árvores são árvores. Depois de ler as escrituras e compreender um pouco da doutrina, as montanhas para ele não são mais montanhas, as águas não são mais águas e as árvores não são mais árvores. Mas quando ele está completamente iluminado, então as montanhas são outra vez montanhas, as águas, águas e as árvores, árvores". Porque antes de podermos apreciar verdadeiramente a individualidade mutante das coisas devemos, de certa forma, perceber sua irrealidade. Isto é, deve-se entender que não apenas o seu próprio eu, mas todas as demais coisas no universo são sem sentido e mortas quando consideradas por si mesmas, como entidades permanentes, isoladas e autossuficientes. A menos que esteja relacionada com o todo, a parte não tem valor, e é justamente essa relação da parte com o todo, ou melhor, essa percepção de uma relação já existente, que é a união da qual nasce o Divino Filho.

Assim como o marido deve, se de fato a ama, receber a esposa e aceitá-la inteiramente, ao mesmo tempo em que se entrega completamente a ela, o homem deve aceitar o mundo e entregar-se a ele. Receber o universo em si mesmo, da forma como fazem alguns "místicos", é simplesmente gabar-se com a presunção de que se é Deus e, assim, estabelecer outra oposição entre o poderoso todo e a parte degradada. Entregar-se completa e servilmente ao mundo é tornar-se uma nulidade espiritual, um mecanismo, uma concha, uma folha levada pelos ventos das circunstâncias. Mas se o mundo é recebido e o eu dado ao mesmo tempo, então prevalece aquela união que produz o Segundo Nascimento. Só neste estado é possível apreciar a vida num sentido real, aceitar com amor, gratidão e reverência o que é agradável em outras criaturas junto com o que não é, através do conhecimento de que a alegria não existe sem a tristeza, a vida não existe sem morte, o prazer não existe sem a dor. Mais do que isso, a dor e a morte não são aceitas apenas *porque*, por contraste, possibilitam a vida e o prazer, mas também porque são parte integrante de uma Vida Maior e de um Prazer Maior. A Vida Maior é mais que a vida em oposição à morte assim como a melodia é mais que som; é a presença rítmica e a ausência de som em que o silêncio e o final das notas são tão importantes quanto a sua execução. Não é uma questão de meramente tolerar a pausa por amor à nota, a menos que possamos também dizer que a nota é tolerada por amor à pausa. Pois assim como quase nada pode ser mais horrível do que uma eternidade de som ou uma eternidade de silêncio, da mesma forma há pouco a escolher entre uma eternidade de vida e uma eternidade de morte. Mas há uma alternância, um ritmo, uma variedade nas coisas como uma sinfonia universal. E esta sinfonia é o Filho do Pai, Som, e da Mãe, Silêncio.

Assim, quando dizemos que da união entre o eu e a vida (ou o mundo) nasce o Cristo, queremos dizer que o homem se eleva a um novo centro de consciência que não está nem em si mesmo apenas, nem no mundo apenas. Em vez disso, centra-se na harmonia que resulta do dar e receber de um para o outro. De fato, esse centro já existe, quer ele saiba ou não, pois não existem dois opostos a menos que haja uma relação entre eles. E essa relação, o Filho, é Significado, ou o que Keyserling chama de *sentido* e o termo chinês *Tao*, assim como a criança dá um significado, uma razão de ser, aos dois opostos homem e mulher. Nesse sentido, o menino é verdadeiramente "o pai do homem" e Cristo verdadeiramente uno com o Pai. Pois o que é mera substância, mera energia, mero todo, mera parte, mero mundo, mero eu? Cada qual em si só não é mais que um instrumento, uma ferramenta, uma porção sem vida que o *Tao* reúne e molda segundo seu próprio significado; na verdade, sem esse significado, eles não poderiam existir. Quanto ao significado em si, não pode ser descrito; só pode ser experimentado e experimentado somente quando existe tamanho amor entre si mesmo e o mundo que o que cada um faz em conjunto é mais do que qualquer um separadamente, assim como para o marido e a esposa o filho é mais do que eles mesmos.

Conecte-se conosco:

 facebook.com/editoravozes

 @editoravozes

 @editora_vozes

 youtube.com/editoravozes

 +55 24 2233-9033

www.vozes.com.br

Conheça nossas lojas:

www.livrariavozes.com.br

Belo Horizonte – Brasília – Campinas – Cuiabá – Curitiba
Fortaleza – Juiz de Fora – Petrópolis – Recife – São Paulo

EDITORA VOZES LTDA.
Rua Frei Luís, 100 – Centro – Cep 25689-900 – Petrópolis, RJ
Tel.: (24) 2233-9000 – E-mail: vendas@vozes.com.br